Deutsch 2000

*Eine Einführung in die
moderne Umgangssprache*

BAND 3

MAX HUEBER VERLAG

DEUTSCH 2000
Eine Einführung in die moderne Umgangssprache
Band 3
von Roland Schäpers
in Zusammenarbeit mit Renate Luscher und Manfred Glück

Textillustrationen: Herbert Horn, Ulrik Schramm
Einbandzeichnung: Erich Hölle
Layout: Karl Schaumann

ISBN 3–19–00.1182–6
1. Auflage 1974
© 1974 Max Hueber Verlag München
Gesamtherstellung: Richterdruck, Würzburg
Printed in Germany

INHALTSVERZEICHNIS

Konrad Zuse erfand 1937 den Computer

Bundesbürger Nr. 100-4453-01111   1 A

Millionen von Daten aus dem Privatleben der Bundesbürger sind heute in Computern gespeichert: Wo sie ihren Urlaub verbracht haben, wieviel Miete sie zahlen, ob sie oft oder selten den Arbeitsplatz wechseln, ob sie Schulden haben, ob sie an Krebs leiden, welche Schallplatten sie lieben, wieviel Kubikmeter Wasser sie pro Monat verbrauchen, ob sie eine Mischehe führen, welche Farbe ihre Augen und ihre Haare haben, welchen Wagentyp sie fahren und welche Staatsangehörigkeit ihre Großmutter hatte. Das alles ist gespeichert in den EDV-Anlagen von Reiseunternehmen, Banken, Arbeitsbehörden, Universitätskliniken, Schallplattenringen, Stadtwerken, Einwohnermeldeämtern, Eheanbahnungsinstituten, im Flensburger Kraftfahrt-Bundesamt und im Kölner Ausländerzentralregister.

Staatliche Computer, zum Beispiel bei der Post und in den öffentlichen Bibliotheken, könnten schon heute darüber Auskunft geben, wer welche Zeitungen und Bücher liest.

Trotzdem weiß der Staat nicht sehr viel über seine Bürger, weil viele seiner Behörden die Informationen nicht kennen, die anderen Behörden zur Verfügung stehen, und sie deshalb nicht ausnutzen können.

Das könnte jetzt anders werden, so fürchten jedenfalls einige Bundestagsabgeordnete, denn Bonn plant ein neues „Bundesmeldegesetz", nach dem jeder Bürger mit Hilfe eines zwölfstelligen „Personenkennzeichens" von einem zentralen Computer erfaßt wird. Wenn erst einmal jeder Bundesbürger sein Personenkennzeichen hat, wäre es sehr leicht, alle Daten zusammenzufassen, die bei den verschiedenen Behörden über ihn verfügbar sind. „Stellen Sie sich vor", sagte kürzlich jemand, „ich gehe aufs Finanz-

amt, der Beamte drückt auf einen Knopf und weiß sofort, daß ich wegen Geschwindigkeitsüberschreitung vorbestraft bin, daß mein Sohn sich an politischen Demonstrationen beteiligt, oder daß ich Plattfüße habe!" Eine solche Datei ist zwar nicht geplant, aber natürlich sieht auch die Regierung diese Gefahr und möchte sie ausschließen. Sie hat deshalb gleichzeitig mit dem Bundesmeldegesetz ein „Datenschutzgesetz" vorgelegt, das den Mißbrauch persönlicher Daten verhindern soll.

AUSWEIS UND FÜHRERSCHEIN
BUNDESREPUBLIK DEUTSCHLAND

BRUNNER
GEB. VOSS-MÜLLER   2222 ALTENDORF

INGRID   4397 / 77

050777   B   RH +
      123456

1. Ein Computer (eine elektronische Datenverarbeitungsanlage)
   erfaßt
   speichert
   verarbeitet Daten. Alle Informationen zusammen, die in einem Computer
   gespeichert sind, heißen Datei.

2. Persönliche Daten sind:
   Geburtsdatum (Alter), Geschlecht, Geburtsort, Größe, Augenfarbe,
   Haarfarbe, Beruf, Wohnort, Familienstand (ledig oder verheiratet),
   Staatsangehörigkeit, Religionsbekenntnis, Schulbildung usw.

3. Wie verarbeitet ein Computer Daten? Ein Beispiel:
   Herr Meyer bekommt das Wasser für seine Wohnung von den Stadt-
   werken. Seine persönlichen Daten (Name und Vorname, Wohnort,
   Straße und Hausnummer und die Nummer seines Bankkontos) sind im
   Computer der Stadtwerke gespeichert. Jeden Monat wird festgestellt,
   wieviel Wasser Herr Meyer verbraucht hat. Der Computer rechnet aus,
   wieviel Herr Meyer bezahlen muß und schreibt die Rechnung, die an
   Herrn Meyers Bank geschickt wird.

Zur Diskussion

a. Glauben Sie, daß Ihre persönlichen Daten irgendwo in einem Computer
   gespeichert sind? Wenn ja, wo?
b. Haben Sie schon einmal eine Computer-Rechnung bekommen?
c. Halten Sie es für gefährlich, wenn die persönlichen Daten aller Bürger
   in einem staatlichen Computer gespeichert sind?
d. Gibt es in Ihrem Lande ein Meldegesetz, das heißt, müssen Sie beim
   Einwohnermeldeamt angeben, wo Sie wohnen, ob Sie verheiratet sind
   und wie viele Kinder Sie haben?
e. Halten Sie es für richtig, daß auch Ihre politische Einstellung in einem
   staatlichen Computer gespeichert wird?
f. Manche Eheanbahnungsinstitute arbeiten mit Computern. Sie müssen
   Ihre persönlichen Daten angeben, Ihre Hobbies und Ihre Wünsche, und
   dann sucht der Computer aus der Datei eine Dame (oder einen Herrn)
   heraus, die (der) zu Ihnen paßt. Glauben Sie, daß das System funktioniert?

1. *ob – daß*

Weißt du, ob der neue Film schon läuft?
Nein, ich weiß nicht, ob der schon läuft. (Nein, das weiß ich nicht.)

Wußtest du, daß der neue Film schon läuft?
Natürlich wußte ich, daß der schon läuft. (Natürlich wußte ich das.)

Wissen Sie, ob Marion Schallplatten liebt?
Ja, ich weiß genau, daß sie ... (Ja, das weiß ich genau.)

Wußten Sie, daß Marion Schallplatten liebt?
Ja, ich wußte, daß sie ... (Ja, das wußte ich.)

Weißt du schon, daß Hans eine neue Wohnung hat?
Ja, ich weiß, daß er eine neue hat. (Ja, das weiß ich.)
Nein, ich weiß noch nicht, daß ... (Nein, das weiß ich noch nicht.)

2.

Bitte, antworten Sie mit *Ja, ...* und *Nein, ...*

a. Wissen Sie, ob die Stadtwerke einen Computer haben? **b.** Haben Sie schon gehört, daß Herr Meyer den Arbeitsplatz wechseln will? **c.** Wußten Sie schon, daß es in Köln ein Ausländerzentralregister gibt? **d.** Können Sie mir sagen, ob Ihre Nachbarn Schulden haben?

3. *Antwort, Auskunft, Informationen geben – um Antwort, Auskunft, Information(en) bitten*

Wir baten um Antwort. Sie konnten keine Antwort geben.
Er wird um Auskunft gebeten. Er ist nicht in der Lage, Auskunft zu geben.
Welche Informationen hat man Ihnen denn gegeben?

4.

Gehört der Computer den Stadtwerken? – Nein, aber er steht ihnen zur Verfügung.

a. Gehört der Wagen deinem Vater? **b.** Gehört das Büro dir? **c.** Gehört die Datei der Regierung? **d.** Gehört die Wohnung euch?

5. *einige – viele – die meisten; wenige – ein paar – die wenigsten*

> Ich habe viele Freunde. Einige von ihnen wohnen im Ausland.
> Einige meiner Freunde wohnen im Ausland.

a. Der Staat hat viele Behörden. Die meisten arbeiten mit Computern. **b.** In einem Hochhaus hat man viele Nachbarn. Man kennt nur die wenigsten. **c.** Von ihren Mitarbeiterinnen können sich nur ein paar einen Urlaub leisten. **d.** Sie kennen doch unsere Kollegen. Viele möchten den Arbeitsplatz wechseln. **e.** Ihr habt viele Großstädte. Die wenigsten gefallen mir.

6. *zwar – aber*

> Solch eine Datei gibt es noch nicht. Sie ist geplant.
> Zwar gibt es solch eine Datei noch nicht, aber sie ist geplant.

a. Solch einen Computer haben wir noch nicht. Wir werden einen kaufen. **b.** Solch ein Gesetz gibt es noch nicht. Es wird vorbereitet. **c.** Solche Musik gefällt mir nicht. Meiner Freundin schenke ich trotzdem Beatplatten. **d.** Solch ein Wagen ist mir zu teuer. Trotzdem finde ich ihn toll.

7. *sich beteiligen an – teilnehmen an*

Er *hat sich an* einer Demonstration (Diskussion, Versammlung) *beteiligt.*
  (Er hat diskutiert, Fragen gestellt.)

Er *hat an* einer Demonstration (Diskussion, Versammlung) *teilgenommen.*
  (Er war nur dabei, hat nicht selbst diskutiert.)

8. *ein solcher – solch ein; so einer – so einen*

Ein solcher (solch ein, so ein) Computer wäre ziemlich teuer.
  So einer wäre ziemlich teuer.
  So einen gibt es noch gar nicht.

Ein solches (solch ein, so ein) Gesetz ist nicht geplant.
  So eins ist nicht geplant.

Eine solche (solch eine, so eine) Behörde haben wir nicht.
  So eine haben wir nicht.

9.

> Hier haben wir ein ganz modernes Bild. – Danke, so eins möchte ich nicht.

a. Hier haben wir eine schöne große Wohnung. **b.** Hier haben wir den neuesten Wagentyp. **c.** Hier haben wir eine tolle Beatplatte. **d.** Hier haben wir ein ganz seltenes Buch.

Suchen Sie einen Ehepartner?

Große Freundschaftsaktion für alle Ledigen, Geschiedenen und Verwitweten, die gern heiraten möchten! Wir haben die Namen und Daten von über 34 000 Menschen, die gern heiraten möchten. Durch diesen kostenlosen Computer-Test erfahren Sie, wer davon zu Ihnen paßt!

Was bevorzugen Sie in Ihrer Freizeit?
Geistige Interessen ☐ Sport treiben ☐ Nebenberufliche Arbeiten ☐ Tanzen ☐ Spiele ☐ Gespräche ☐ Vereinsleben ☐ Familienleben ☐ Zeitvertreib (z. B. Lesen, Fernsehen) ☐ Hobby (z. B. Garten, Basteln, Sammeln) ☐ Ehrenamtliche Tätigkeit ☐

Herr ☐ Frau ☐ Fräulein ☐

Vorname: ....

Name: ....

Plz/Wohnort: ....

Straße: ....

wohnhaft bei: ....

Geburtsdatum: ....

Staatsangehörigkeit: ....

Körpergröße (cm): ....

ledig ☐ verwitwet ☐ geschieden ☐
evangelisch ☐ katholisch ☐ oder ....

Monatliches Brutto-Einkommen: ....

Kreuzen Sie 5 Eigenschaften an, die Ihr Partner haben soll:
Temperamentvoll ☐ strebsam ☐ fröhlich ☐ natürlich ☐ intelligent ☐ gütig ☐ ehrlich ☐ sportlich ☐ sparsam ☐ gutaussehend ☐ häuslich ☐ selbstbewußt ☐

Jetzt brauchen Sie nur noch zu unterschreiben; Sie gehen damit keine finanzielle Verpflichtung ein. Sie sollen mit Ihrer Unterschrift nur erklären, daß Sie nicht verheiratet sind. Ihre Angaben werden streng vertraulich behandelt.

.... Unterschrift

Mode – Diktat oder Spaß? **2 A**

In der Wochenzeitung *Die Zeit* gibt es eine Spalte, in der junge Leute unter zwanzig ihre Meinung zu aktuellen Problemen sagen. Hier geht es um das Thema „Mode".

Können wir uns wirklich kleiden, wie wir wollen, ohne gesellschaftliche Nachteile zu erfahren? Ich meine: Nein. Wir müssen uns so kleiden, wie es die Schicht, der wir angehören wollen, vorschreibt. Selbst bei unserer angeblich so toleranten Jugend wird man schiefe Blicke ernten, sollte man auf einer Fete im Smoking erscheinen. Doch was der jungen Generation auf diesem Gebiet fehlt, Toleranz, kann man nicht von der älteren erwarten. Hier gleichen sie sich wie ein Haar dem anderen.

Thomas Schwencke, 19 Jahre

Wie die Modebranche die Jugendlichen manipulieren kann, will ich an Hand eines Paradebeispiels zeigen.
Der „Military-Look" genießt bei sehr vielen Jugendlichen den Ruf, tod-

10

schick zu sein. Steht aber die Überzeugung der jungen Leute nach Frieden in der Welt nicht im bewußten Gegensatz zu dieser Mode?

Fragt man die Jugendlichen, warum sie „Military-Kleidung" tragen, antworten die meisten: „Wir finden, daß wir darin irre aussehen, sie paßt zu uns." Man braucht den Chic der laubgrünen Jacken ja gar nicht in Frage zu stellen, aber kann man Mode, die derart bewußt den Krieg verherrlicht, akzeptieren? Aber diese Art von Mode wird getragen, weil sie „up to date" ist. Die Industrie hat erkannt, wie leicht die Jugendlichen gesteuert werden können; es geht sogar so weit, daß sie sich selbst widersprechen, nur um „in" zu sein.

Michael Hübner, 16 Jahre

… Jeans, Cordhosen und Parka empfinde ich nicht als Diktat, denn sie sind langlebig, bequem, billig, leicht zu reinigen, man kann sie zu allen Gelegenheiten anziehen, man fühlt sich in ihnen ungezwungen.

Horst Dieter Meier, 18 Jahre

Alle tragen heute Jeans. Richtig. Aber wie fing es denn an? Man trug Jeans doch damals aus Opposition gegen die Gesellschaft und ihre sogenannte „feine" Kleidung, aus Opposition gegen die Mode. Und was ist daraus geworden? Ein Milliardengeschäft für die Textilindustrie. Und so wird es weitergehen. Alles, was von der Masse getragen wird, entwickelt sich zur Mode. Wir oktroyieren uns die Mode selbst.

Frank Laue, 17 Jahre

„Der ist Abteilungsleiter? Nie!" ▶

1. In den Briefen der jungen Leute finden sich viele Wörter und Wendungen, die vor allem bei politischen Diskussionen gebraucht werden:

manipulieren, steuern (die Jugend, die Masse, die Gesellschaft, die Partei usw.);
oktroyieren (eine Meinung, eine Politik, ein System usw.);
vorschreiben (die Mode, die Kleidung, ein System usw.);
akzeptieren (ein Diktat, eine Meinung, eine Überzeugung, ein Thema, ein System, eine Partei, einen Politiker usw.);
etwas in Frage stellen, jemandem widersprechen, etwas aus Opposition tun;
einer (bestimmten) Schicht, der Gesellschaft, der Masse, der jüngeren (oder: älteren) Generation angehören.

2. Die folgenden Ausdrücke bezeichnen Kleidungsstücke:

Military-Kleidung (oft auch: Military-Look), Jeans, Cordhosen, Parka, Smoking. Wie heißen sie bei Ihnen?

3. Und diese Wendungen sind gerade „in Mode":

Fete, irre aussehen, „up to date" sein, „in" sein, todschick.

Zur Diskussion

a. Hat Thomas Schwencke recht? Kann sich jeder so kleiden, wie er will?
b. Stimmt das eigentlich, was Michael Hübner sagt? Was würde passieren, wenn die Jugendlichen die Military-Kleidung einfach nicht kaufen?
c. Halten Sie Jeans und Cordhosen für eine schöne Mode, oder sind sie nur bequem?

Aufgabe

Sie haben die Briefe der vier jungen Leute in der Zeitung gelesen und erzählen jetzt einem Freund davon. Beginnen Sie:
Der erste, Thomas Schwencke, fragt, ob wir uns so kleiden können, wie wir wollen.
Er meint ...

1. *es geht um ...; worum ...? – es handelt sich um ...; worum ...?*

Worum handelt es sich (geht es)? Um die Mode?
 Ja, es handelt sich (geht) um die Mode.

Worum hat es sich gehandelt? Es hat sich um die Mode gehandelt.
Worum ist es gegangen? Es ist um die Mode gegangen.

2.

> Ging es um die Mode? – Nein, es ging um etwas anderes.

a. Handelte es sich um Geld? **b.** Ist es um die jungen Leute gegangen?
c. Geht es um die Arbeit? **d.** Ging es um Kleidung? **e.** Hat es sich um die
Opposition gehandelt? **f.** Geht es um morgen?

3. *ohne ... zu*

Er verließ das Restaurant, ohne zu bezahlen.
Sie ging nach Hause, ohne ein Wort zu sagen.
Wir fuhren zwei Stunden, ohne uns zu unterhalten.

Ohne zu bezahlen, verließ er das Restaurant.
Ohne ein Wort zu sagen, ging sie nach Hause.
Ohne uns zu unterhalten, fuhren wir zwei Stunden.

4.

> Er sagte kein Wort und ging. – Er ging, ohne ein Wort zu sagen.

a. Wir gingen sofort zum Bahnhof und aßen nicht zu Mittag. **b.** Sie ging
ins Theater und rief ihn nicht an. **c.** Sie gingen zusammen spazieren, aber
sie unterhielten sich nicht. **d.** Die jungen Leute tragen Military-Kleidung,
aber sie wollen den Krieg nicht verherrlichen. **e.** Sie können hier übernachten, aber sie müssen dafür bezahlen. (!)

5. *angehören (= gehören zu)*

Der Europäischen Gemeinschaft *gehören* neun Staaten *an*.
(*Zur* Europäischen Gemeinschaft *gehören* neun Staaten.)

13

Das ist die Gemeinschaft, der wir *angehören*.

Die junge Generation, der er *angehört*, ist angeblich viel toleranter als die ältere, der wir *angehören*.

Der Automobilclub, dem wir *angehören*, ist für eine Begrenzung der Höchstgeschwindigkeit.

6.

> Gehören Sie einer Partei an? – Ja, aber die Partei, der ich angehöre, werden Sie nicht kennen.

a. Gehören Sie einer Fußballmannschaft an? **b.** Gehören Sie einem Kegelclub an? **c.** Gehören Sie einer Behörde an? **d.** Gehören Sie einer ausländischen Firma an? **e.** Gehören Sie einem Unternehmen an?

7. *die tolerante Jugend – die angeblich (so) tolerante Jugend*

Angeblich ist die Jugend tolerant. (In Wirklichkeit ist sie es nicht.)
  Die angeblich (so) tolerante Jugend.

Angeblich ist das Haus billig. (Tatsächlich ist es aber zu teuer.)
  Das angeblich (so) billige Haus.

Angeblich ist der Mann krank. (Er arbeitet aber in seinem Garten.)
  Der angeblich (so) kranke Mann.

Angeblich ist die Luft in dieser Stadt sauber. (Aber leider stimmt das nicht.)
  Die angeblich (so) saubere Luft in dieser Stadt.

8. *werden*

Er wird wohl morgen kommen.
(= Ich nehme an, daß er morgen kommt. Vermutlich kommt er morgen.)

Die Stadt, in der ich geboren bin, werden Sie nicht kennen.
(d. h., weil es eine kleine, ziemlich unbekannte Stadt ist.)

Er wird etwa zweitausend Mark im Monat verdienen.

9. *in Frage stellen*

Die Jugend *stellt* die neue Mode *in Frage*. (Sie gefällt ihr nicht.)

Die Opposition *stellt* das Gesetz *in Frage*. (Sie ist dagegen.)

14

Der Bau des neuen Stadions *ist in Frage gestellt.*
(Alle sind für das neue Stadion, aber es ist nicht genug Geld da.)

10. *den Ruf genießen – finden, empfinden als, halten für*

> Die neue Mode genießt bei vielen Jugendlichen den Ruf, todschick zu sein.
> (= Viele Jugendliche finden die neue Mode todschick.)
> (= Viele Jugendliche empfinden die neue Mode als todschick.)
> (= Viele Jugendliche halten die neue Mode für todschick.)

a. Viele ältere Leute halten das Gesetz für besonders modern. **b.** Die Jugend genießt bei der älteren Generation den Ruf, sehr tolerant zu sein. **c.** Die Landbevölkerung hält die Großstadtjugend für besonders „up to date". **d.** Manchmal empfinden junge Mädchen die Mode früherer Generationen als todschick.

Mode um 1910

Ich habe nie verstanden, daß man in Deutschland dazu neigt, einen eleganten Mann für ein politisches Leichtgewicht zu halten.

Helmut Kohl, Ministerpräsident von Rheinland-Pfalz

Die äußere Erscheinung eines jungen Mädchens sei stets fleckenlos, sauber, einfach und bescheiden ... Es erscheine stets in glattem, wohlgekämmtem Haar, weißer Wäsche, genau passendem, doch auch nicht zu engem Kleide, reinen Handschuhen und netten Schuhen. Zu enge Kleidung ist nicht nur der Gesundheit höchst schädlich, sondern auch unschön.

Marie von Lindemann in ihrem Buch *Die ratende Freundin (etwa 1900)*

Sprachlehrgang für Vögel

Praktische Dinge, die es noch nicht gibt 3 A

Was macht man mit seinen Blumen, wenn man für längere Zeit verreist?
Man kann sie bei einem Gärtner in Pflege geben oder einen Nachbarn bitten,
alle drei Tage vorbeizukommen, um sie zu gießen. Man kann sie auch
einfach in der Wohnung stehenlassen und sich ausrechnen, wann sie ver-
trocknen. Dabei ist das Problem theoretisch bereits gelöst. Es gibt nämlich
eine Gießautomatik für Pflanzengefäße, die ohne Stromanschluß arbeitet.
Monatelang können damit Blumen wartungsfrei versorgt werden. Aber:
das Gerät wird noch nicht produziert. So wie diese Erfindung warten noch
viele andere auf einen Abnehmer. Warum eigentlich? Die Antwort ist sehr
einfach: weil viele Produzenten nicht wissen, welche Erfindungen es gibt,
und viele Erfinder nicht wissen, an welche Produzenten sie sich wenden sollen.

16

Das soll jetzt anders werden. Eine Stuttgarter Firma hat einen Informationsdienst geschaffen, der regelmäßig über Neuheiten und Patente aus der ganzen Welt berichtet und verwertbare Erfindungen beschreibt. Eine Chance für Erfinder, aber auch für Unternehmer, die mit einer neuen Idee ins Geschäft einsteigen wollen.

Die Möglichkeit, neue Erfindungen der Öffentlichkeit vorzustellen, gibt es allerdings schon sehr lange. Neben den Ausstellungen in Brüssel und Genf wird seit dem Jahre 1920 in Nürnberg die sogenannte Erfindermesse abgehalten, durch die viele technische Neuerungen bekanntgeworden sind. Die Nürnberger Ausstellung beschränkt sich aber nicht nur auf wirklich verwertbare Erfindungen: im Jahre 1973 wurde ein Gerät gezeigt, mit dem nach Meinung seines Erfinders alle Vögel sprechen lernen können, und man konnte sogar eine „unsichtbare Blumenvase" bewundern.

1. Blumen und Tiere *gibt* man in Pflege, wenn man verreist und sie nicht mitnehmen kann. Der Nachbar oder ein Freund *nimmt* sie in Pflege.

2. Elektrische Geräte, die ohne Stromanschluß arbeiten, brauchen eine Batterie (Batterien).

3. Die meisten Maschinen und Geräte sind nicht wartungsfrei. Autos müssen alle fünf oder sechstausend Kilometer in die Werkstatt zum Wartungsdienst (oder: Kundendienst, Inspektion).

4. Ein Informationsdienst berichtet regelmäßig über ganz bestimmte Fragen und Probleme. Der Pressedienst berichtet über die Politik der Regierung, der Wetterdienst auf den Flughäfen berichtet täglich über das Wetter. (Er gibt den Wetterbericht.)

5. Man steigt in ein Auto, einen Bus, ins Flugzeug ein, aber auch ins Geschäft (ins Autogeschäft, Flugzeuggeschäft, ins Grundstücksgeschäft usw.).

6. verwerten – verwertbar; verfügen – verfügbar
Die Erfindung kann verwertet werden (d.h.: Das Gerät kann produziert werden). Sie ist verwertbar. – Der Staat kann über die Daten verfügen (d.h.: Er hat die Daten in einem Computer). Die Daten sind verfügbar.

Aufgabe

Kurz vor Arbeitsschluß klingelt im Büro von Herrn Schulz das Telefon. Es ist der Chef.
„Herr Schulz, können Sie morgen für drei Tage nach London fliegen? Unsere Leute haben Probleme mit dem Computer. Irgendwas stimmt da nicht, jedenfalls sind die meisten Daten falsch. Sie kennen doch das Gerät. Fliegen Sie hin und sehen Sie mal nach. Wir brauchen die Informationen aus London nächste Woche."
„Ja gut, mach ich. Ich rufe Sie aus London an. Auf Wiedersehen."
Auf dem Weg nach Hause überlegt Herr Schulz. Er hat nämlich einen kleinen Hund, und seine Frau ist für ein paar Tage zu ihren Eltern gefahren. Für einen Tag kann er den Hund allein zu Hause lassen, aber für drei Tage?

Und was macht er mit den Blumen?
Herr Schulz geht zu Frau Meyer, seiner Nachbarin, um sie um Hilfe zu bitten.
Was sagt er?

Übungen 3 C

1. *wenn – als*

a. ... meine Frau nach Köln fuhr, mußte ich den Hund versorgen. **b.** Sie könnten mir mal eine Karte schreiben, ... Sie in Amerika sind. **c.** Sie können mir Ihre Blumen geben, ... Sie verreisen. **d.** Die Blumen waren vertrocknet, ... wir nach Hause kamen.

2. *noch – schon – kein – mehr*

Kann man dieses Buch *noch* kaufen? – Ja, das gibt es *noch*.

Das neue Gerät kann man *noch nicht* kaufen. Es gibt *noch keinen* Produzenten dafür.

Gibt es das Gerät *schon*? – Nein, das gibt es *noch nicht*.
Natürlich, das gibt es *schon lange*.

Für diese Erfindung gibt es *keine* Abnehmer.
Für dieses Buch gibt es *(schon lange) keine* Käufer *mehr*.

Ich war *schon lange nicht mehr* in Amerika.

a. Sind Ihre Eltern immer ... in Italien? **b.** Wenn ich die Zeitung ... habe, bringe ich sie Ihnen mit. **c.** Tut mir leid, es gibt ... ... keine Eintrittskarten mehr. **d.** Nein, diesen Informationsdienst gibt es ... ... nicht ... **e.** Warum kommen Sie denn ... wieder? **f.** Können Sie mir sagen, wie lange es die Erfindermesse ... gibt? **g.** Stimmt es, daß Klaus ... Studienplatz ... bekommen hat?

3. *einige – wenige – viele – mehrere*

In Nürnberg gab es einige technische Neuerungen zu sehen.
Die Mode bringt in diesem Jahr nur wenige schöne Modelle.
Auf der Frankfurter Messe gab es wieder einmal viele neue Bücher.

Auf der Messe wurden viele verwertbare Erfindungen gezeigt.
Eine Messe mit vielen verwertbaren Erfindungen.
Eine Messe mit mehreren verwertbaren Erfindungen.

4. *schaffen: schuf – geschaffen; schaffte – geschafft*

Eine Stuttgarter Firma hat einen Informationsdienst geschaffen.
(Sie hat ihn ins Leben gerufen.)

Die Arbeit ist in drei Tagen geschafft worden.
(Man hat drei Tage dazu gebraucht.)

Beethoven schuf neun Sinfonien. (Er schrieb neun Sinfonien.)

Klaus hat das Examen nicht geschafft.
(Er muß die Prüfung noch einmal machen.)

---

a. Wir haben die Strecke von Hamburg nach Hannover in einer Stunde ...
b. Das Deutsche Museum ist von Oskar von Miller ... worden. **c.** Beethoven ... fünf Klavierkonzerte. **d.** Der Weltrekordler ... die 100-Meter-Strecke in 9,8 Sekunden. **e.** Die meisten haben die Abschlußprüfung ...

5. *etwas – sich – jemand vorstellen; sich etwas vorstellen*

In Nürnberg wurde der Öffentlichkeit eine neue Erfindung vorgestellt.
Ich interessiere mich für die Stelle in Ihrer Exportabteilung. Darf ich
mich morgen vorstellen?
Darf ich Ihnen Herrn Schulz vorstellen?

Stellen Sie sich vor, das Benzin wird schon wieder teurer!
(Ein Liter kostet fast eine Mark, das muß man sich mal vorstellen!)

Und was haben Sie sich als Gehalt vorgestellt?
(Wieviel möchten Sie verdienen?)

Das Olympiastadion habe ich mir ganz anders vorgestellt.
(Es ist ganz anders, als ich gedacht hatte.)

In drei Tagen sollen wir die Arbeit schaffen? Wie stellen Sie sich das vor?
(oder: Das kann ich mir nicht vorstellen!)
(Das ist doch ganz unmöglich!)

---

a. Haben Sie die Möglichkeit gehabt, sich Herrn Krause ...? **b.** Gestern ist die neue Erfindung der Öffentlichkeit ... ... **c.** Nein, eine Erfindermesse müssen Sie sich ganz anders ... **d.** Wie haben Sie sich denn Ihre Arbeit ...? **e.** Ich habe ... vorgestellt, daß wir die Arbeit in einer Woche schaffen. **f.** Gestern habe ich ... Frau Baumann vorgestellt.

6.

> Gab es viele verwertbare Erfindungen? – Ich habe keine verwertbare Erfindung gesehen.

a. Gab es viele technische Neuerungen? (keine) **b.** Waren neue Bücher zu sehen? (viele) **c.** Wurden der Öffentlichkeit moderne Geräte vorgestellt? (einige) **d.** Haben Sie hübsche Kleider gesehen? (nur wenige) **e.** Haben Sie neue Konstruktionen gesehen? (keine)

Köln hat ein neues Wahrzeichen – den Colonia-Riesen am Rheinufer. Er ist mit 138 Metern das höchste Wohnhaus Europas und nur 19 Meter kleiner als der Kölner Dom. Von den 46 Stockwerken des Hochhauses sind die beiden unteren als Läden und Büros vermietet, und das oberste

dient als Partyraum, in dem jeder der 351 Wohnungsmieter für hundert Mark pro Abend seine Feste feiern kann. Den rund 1000 Einwohnern dieses senkrechten Stadtteils stehen außerdem ein Schwimmbad, eine Sauna, ein Gymnastikraum, ein Kindergarten und eine Gaststätte mit Kegelbahnen zur Verfügung.

Etwa 80 Kilometer nördlich von diesem Super-Hochhaus liegt „Eisenheim", eine Werkssiedlung des Thyssen-Konzerns, die vor 130 Jahren für die Hüttenarbeiter gebaut wurde. Zu jeder Wohnung in den niedrigen Giebelhäusern gehört ein kleines Stück Garten – die einfachste Sozialwohnung hat mehr Komfort als diese Arbeiterhäuschen.

„Arbeitersiedlungen wie Eisenheim wirken proletarisch, reißt sie ab", sagte ein Ministerialbeamter aus Nordrhein-Westfalen. „Die Leute müssen raus aus diesen menschenunwürdigen Löchern", sagte ein Direktor der Thyssen-Hütte, der Eisenheim gehört, „da bauen wir nette Neubauwohnungen hin." Aber die Bewohner von Eisenheim können sich nicht entschließen auszuziehen.

„Eisenheim abreißen? Da bleibe ich wohnen, solange ich lebe", sagt ein

Bergarbeiter. „Die haun uns da son Hochhaus hin und dann, was haben wir dann? Hör mal, da bist du wie inem Gefängnis."

„Wat wird aus meine Kinder, wenn die nich mehr tobn dürfen?" fragt ein anderer, „wat machen dann meine Tauben? In Eisenheim bin ich praktisch immer an die frische Luft. Wenn de inem Hochhaus bist, haste vielleicht en Balkon, aber wat is dat denn?"

In Eisenheim, der schmutzigen Siedlung mit den hygienischen Verhältnissen des neunzehnten Jahrhunderts, gibt es keine Schilder „Spielen verboten!" oder „Nicht auf den Rasen treten!". Eine neue Siedlung mit einem Kommunikationszentrum? Welch ein Unsinn! Eisenheim *ist* ein Kommunikationszentrum! Hier kennt jeder jeden, hier duzt man sich, hilft sich gegenseitig und sitzt zusammen auf der Bank vor dem Hause. Hier gibt es noch die Lebensqualität, die man in Neubausiedlungen und Stadtrand-Hochhäusern vergeblich sucht.

1. Das Wahrzeichen einer Stadt ist oft ein besonders altes, schönes oder auch hohes Gebäude. Was war bisher das Wahrzeichen der Stadt Köln?

2. Sozialwohnungen sind einfache, billige Wohnungen, die der Staat oder die Stadt für Leute mit niedrigem Einkommen baut.

3. Werkssiedlung, Arbeitersiedlung, Neubausiedlung; ebenso: Altbausiedlung, Stadtrandsiedlung.

4. Die Bergarbeiter sprechen Dialekt: "Die haun uns da son Hochhaus hin …" = „Die bauen uns da schnell solch ein Hochhaus hin …" (hinhauen = etwas schnell und schlecht tun); „wie inem …" = „wie in einem …"; „Wat wird aus meine Kinder …" = „Was wird aus meinen Kindern …"; „… immer an die frische Luft" = „… immer an der frischen Luft".

5. Die Taubenzucht (Brieftaubenzucht) ist das besondere Hobby der Bergarbeiter im Ruhrgebiet.

Zur Diskussion

a. Sollte man nach Ihrer Meinung alte, unhygienische Häuser abreißen, auch wenn es die Mieter nicht wollen?

b. Würden Sie gern in einem Hochhaus mit 1000 Einwohnern wohnen? Welche Vorteile hat das und welche Nachteile?

c. Warum hat das Hochhaus einen Partyraum? Können die Mieter ihre Feste nicht in ihren Wohnungen feiern?

d. Heute wird sehr viel über „Lebensqualität" gesprochen. Was ist das? Was bedeutet für Sie persönlich „Lebensqualität"?

e. Viele Neubausiedlungen haben heute ein „Kommunikationszentrum", das heißt, ein Haus oder einen Raum, in dem sich die Menschen treffen und wo sie spielen oder sich unterhalten können. Warum gab es das früher nicht?

Aufgabe

Versuchen Sie zu erklären, warum das neue Hochhaus ein „senkrechter Stadtteil" genannt wird.

Sie lernen Deutsch auf moderne Art: Hören-Verstehen-Sprechen

Nutzen Sie unser Begleitmaterial zu „Deutsch 2000, Band 3" für Ihre häusliche Arbeit:

Glossare:

Englisch (62.1182)
Französisch (63.1182)
Spanisch (64.1182)
Italienisch (65.1182)
Portugiesisch (66.1182)
Niederländisch (68.1182)
Dänisch (76.1182)
Schwedisch (77.1182)

Hörverständnis- und Sprechübungen:

Textheft (59.1182)

Grammatische Beihefte:
(zu Band 1–3)

Deutsch (1.1180)
Deutsch-Englisch (2.1180)
Deutsch-Französisch (3.1180)
Deutsch-Spanisch (4.1180)
Deutsch-Italienisch (5.1180)
Deutsch-Niederländisch (8.1180)

Außerdem sind Fassungen in folgenden Sprachen in Vorbereitung:

Dänisch – Indonesisch – Japanisch – Schwedisch – Griechisch – Türkisch

Tonmaterial

Aufnahme sämtlicher Lektionstexte:

1 Compact-Cassette (27.1182) oder
1 Tonband (55.1182)

Hörverständnis- und Sprechübungen:

Compact-Cassetten (84.1182)

1 Compact-Cassette mit Musikbeispielen (83.1182)

Sämtliches Begleitmaterial zu Ihrem Buch erhalten Sie über

D
Deutschland
Max Hueber Verlag
8045 Ismaning
Krausstraße 30

oder Ihre nächste Bezugsquelle

RA
Argentinien
Librería Goethe S. R. L.
Avenida Corrientes 366
Buenos Aires

AUS
Australien
Hachette Australasia
Daking House, Rawson Place
Sydney, N.S.W. 2000

B
Belgien
Uitgeverij
N.V. Jozef van In & Co
Grote Markt 39, 2500 Lier

DK
Dänemark
Danske Boghandleres
Bogimport
Krondalvej 8
2610 Rødovre

F
Frankreich
Librairie Istra
15, rue des juifs, 67-Strasbourg

GB
Großbritannien
European Schoolbooks Ltd.
122 Bath Road
Cheltenham GL53 7JX

IS
Island
Snaebjörn Jonsson & Co h. f.
The English Bookshop
P. O. Box 1131, Reykjavik

IL
Israel
Cosmopolite
Publishers/Booksellers
57 Yehuda Halevy St.
Tel-Aviv 61000

I
Italien
Inter-Orbis
Rappresentanze Editoriali
Via Lorenteggio, 31, 1
20146 Milano

J
Japan
Goethe Book Dealers
Room 560 Marunouchi-Bldg.
Chiyoda-ku, Tokyo

CO
Kolumbien
Librería Buchholz
Galeria
Apart. Aéreo 22250, Bogotá

MEX
Mexiko
Librería Internacional S. A.
Avenida Sonora 206
México 11, D.F.

NL
Niederlande
Intertaal B.V.
Boekhandel/Uitgeverij
Frans van Mierisstraat 119
Amsterdam-1007

A
Österreich
Mayer & Comp.
Auslieferung
1010 Wien 1, Zedlitzgasse 3

PE
Peru
Librería Alemana
Horst Dickudt
Casilla 1981, Lima

PL
Polen
Ars Polona
Przedmiescie 7, Warszawa

P
Portugal
Electroliber Ltda.
Apartado 4004, Lisboa 4

CH
Schweiz
Office du Livre S.A.
Route de Villars, 101
1701 Fribourg

E
Spanien
Editorial Mangold, S.A.
Calle de Játiva, 5, Madrid 7

TR
Türkei
Yabanci Basin Tevziat Ltd. Sti
Barbaros Bulvari No. 51
Besiktas-Istanbul

H
Ungarn
Kultura
Buch-Import
P. O. Box 149, Budapest 62

U
Uruguay
Librería Europa
Colonia 1221, Montevideo

USA
U.S.A.
Adler's Foreign Books, Inc.
162 Fifth Avenue
New York, N.Y. 10010

Educational Services
International
320 Walnut Street
Philadelphia, Pa. 19106

European Book Company
925 Larkin Street
San Francisco, Cal. 94109

Midwest European
Publications
3229 N. Clark Street
Chicago, Ill. 60657

YV
Venezuela
Deutsche Bücherstube
Oscar Todtmann
Quinta 'Anamaria'
Avenida San Rafael
La Florida, Caracas

Anforderungskarte

Als Deutschlehrer möchte ich ständig über Deutsch 2000
und weitere Neuerscheinungen meines Fachgebietes informiert
werden.

☐ Bitte nehmen Sie mich in Ihre Adressenkartei auf.

Ich bin besonders interessiert an:

_____

_____

Vorname / Nachname
_____

Straße / Nr.
_____

Ort / Land
_____

Schule / Universität / Institut

Bestellkarte

Bitte senden Sie mir/uns umgehend gegen Rechnung:

Anzahl	Hueber-Nr.	Kurztitel

Vorname / Nachname
_____

Straße / Nr.
_____

Ort / Land
_____

Schule / Universität / Institut

Meine bisherigen
Erfahrungen
mit Deutsch 2000:

POSTKARTE
CARTE POSTALE

bitte
frankieren

Max Hueber Verlag
Informationsabteilung

Krausstraße 30

D-8045 Ismaning/München
Bundesrepublik Deutschland

sprachen der welt
hueber

✂ —

POSTKARTE
CARTE POSTALE

bitte
frankieren

Bitte senden Sie diese Karte an
Ihre Buchhandlung oder an eine der
genannten Bezugsquellen.

346-47

1. *unten – oben; die unteren, oberen; (der, das, die) unterste, oberste*

Wir wohnen unten (im Erdgeschoß = Parterre)
         im untersten Stockwerk
         in einem der unteren Stockwerke
         in einem der oberen Stockwerke
         im obersten Stockwerk
         oben.
Die unteren Stockwerke sind billig, die oberen sind teuer.

2. *gehören zu*

Zu jeder Wohnung *gehört* ein kleiner Garten.
Die Häuser *gehören zu* einer alten Arbeitersiedlung.
Zu jedem Hochhaus *gehört* ein Kinderspielplatz.

3.

> Haben die Wohnungen in den oberen Stockwerken einen Balkon? –
> Ja, zu jeder Wohnung in den oberen Stockwerken gehört ein Balkon.

a. Haben die Wohnungen im Parterre ein Stück Garten? **b.** Haben die Hochhäuser am Stadtrand ein eigenes Einkaufszentrum? **c.** Gibt es in den Neubausiedlungen Kommunikationszentren? **d.** Hat jeder Stadtteil einen Kindergarten? **e.** Steht den Mietern in den Hochhäusern ein Partyraum zur Verfügung? **f.** Gibt es in den Gaststätten Kegelbahnen?

4. *wie*

Arbeitersiedlungen wie Eisenheim sind unmodern.
Eine Stadt wie Bremen braucht keine U-Bahn.
In einer Stadt wie München möchte ich auch leben.
In einem Hochhaus ist man wie in einem Gefängnis.

5. *hinbauen, –gehen, –kommen, –müssen, –schicken*

Früher konnte man von hier aus die Alpen sehen. Jetzt haben sie überall Hochhäuser *hingebaut*.

Heute abend ist doch die Gewerkschaftsversammlung. Können Sie für mich *hingehen?*

Kommst du zu der Party? Wenn du kommst, *komme* ich auch *hin.*
(Gehst du zu der Party? Wenn du gehst, *gehe* ich auch *hin.*)

Die alte Siedlung wird abgerissen. Da *kommen* moderne Einfamilienhäuser *hin.* (Es ist geplant, dort Einfamilienhäuser zu bauen.)

Morgen ist die Besprechung in Frankfurt. Soll ich Herrn Müller *hinschicken?* Nein, da *muß* ich selbst *hin.*

6.

> Haben Sie die Besprechung vergessen? – Nein, ich habe Herrn Meyer hingeschickt.

a. Was ... denn hier hin, eine Sauna? **b.** Da werden schon wieder Hochhäuser ..., die kein Mensch haben will. **c.** Der Film soll gut sein, da will ich ... **d.** Unser Büro in Köln macht schon wieder Blödsinn, jetzt ... ich selbst ... **e.** Da brauchst du doch nicht selbst ..., ... doch die Kinder ...

7. *liegen bleiben, sitzen bleiben, stehen bleiben, wohnen bleiben*

> Immer wieder *bleiben* in den öffentlichen Verkehrsmitteln wertvolle Sachen *liegen.*
>
> Bitte, *bleiben* Sie doch *sitzen.*
>
> Das kann nicht so *stehen bleiben*, den Brief müssen Sie nochmal schreiben.
>
> Er *blieb* in seinem Häuschen *wohnen*, obwohl es unmodern war.

a. Warum können Sie denn in der Siedlung nicht ... ...? **b.** Ist mein Buch hier irgendwo ... ...? **c.** Bitte, gehen Sie weiter, hier dürfen Sie nicht ... ... **d.** Obwohl das Konzert zu Ende war, ... das Publikum ...

8.

> Eisenheim ist eine Arbeitersiedlung am Stadtrand. Dort braucht man kein Kommunikationszentrum. – In Eisenheim, der Arbeitersiedlung am Stadtrand, braucht man kein Kommunikationszentrum.

a. Das Colonia-Hochhaus ist das höchste Wohnhaus Europas. Dort steht den Mietern ein Partyraum zur Verfügung. **b.** Köln ist eine alte Stadt am Rhein. Dort steht ein Wohnhaus, das kaum kleiner ist als der Dom. **c.** München ist die Hauptstadt von Bayern. Dort gibt es die meisten Theater der Bundesrepublik. **d.** Eisenheim ist eine alte Werkssiedlung des Thyssen-Konzerns. Dort gibt es keine Schilder „Spielen verboten!"

Köln. Ärzte sind gegen Hochhäuser. Nach Ansicht von Ärzten ist das Hochhaus für Familien mit Kindern ungeeignet. Sie sollten nicht höher als im vierten Stock wohnen, damit die Mütter die Kinder beim Spielen sehen können. Kinder in Hochhäusern kommen zu wenig an die Luft, denn auch ein großer Balkon ist kein Ersatz für einen Spielplatz.

Fulda. Hausbesitzer, die in Zukunft Wohnhäuser mit mehr als drei Wohnungen ohne einen Kinderspielplatz bauen, werden bestraft. Der Spielplatz soll mindestens 40 Quadratmeter groß sein und darf nicht weiter als 100 Meter vom Haus entfernt sein.

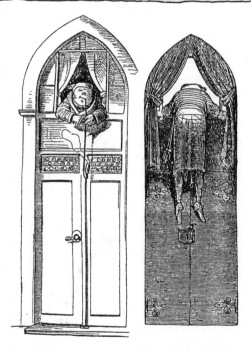

Der Komfort in den modernen Wohnungen. Wilhelm Busch, um 1860

Die deutsche Hausfrau

Im Auftrag der Zeitschrift *Brigitte* ließ die Gießener Soziologin Helge Pross über tausend Frauen befragen. „Wir wollten wissen," sagte sie, „wie die Frauen sich selber und ihre Aufgaben sehen, wodurch sie sich bedrückt, wodurch befriedigt fühlen; warum sie Hausfrauen geworden und warum sie es geblieben sind, und welche Wünsche sie haben."
Hier ist das Ergebnis in Stichworten: Die Frau, die das Elternhaus verläßt, um sofort zu heiraten, gibt es kaum noch. Fast jede Frau ist irgendwann einmal berufstätig gewesen und hat selbständig Geld verdient. Es gibt auch nicht mehr die Hausfrau, die nur sich selbst und ihren Mann versorgt. Die meisten von ihnen sind Familienfrauen mit mehreren Kindern. Mit anderen Worten: die Mehrzahl der Befragten ist der Kinder wegen Hausfrau geworden und es auch geblieben.
Fast die Hälfte aller Befragten gibt an, daß die Arbeit im Haushalt sie nicht befriedige, viele wollen in den Beruf zurückkehren. Je jünger die Frauen sind, desto stärker der Wunsch, außerhalb des Haushalts zu arbeiten. Dennoch sieht der überwiegende Teil das Leben in der Familie als Beruf höher an als andere Tätigkeiten.

Über die Hälfte der Frauen hat allerdings keine abgeschlossene Berufsbildung. Die realen Möglichkeiten, eine Arbeit zu finden, die dem sozialen Status des Ehemanns entspricht, sind deshalb gering. Die traurige Schlußfolgerung: Ab Anfang 40, wenn bei anderen die Karriere erst richtig anfängt, wenn die Kinder selbständig werden und die Belastung durch den Haushalt abnimmt, haben diese Frauen keine echten Aufgaben mehr.

Ein weiteres Ergebnis der Untersuchung, das überrascht: Die Mehrheit der Frauen fühlt sich nicht isoliert und hat kaum den Wunsch nach intensiveren Kontakten zur Außenwelt. Nicht einmal die Frauen in Wohnsiedlungen, die sogenannten „Grünen Witwen", leiden unter Einsamkeit.

Die Frauen scheinen auch nicht unter dem Gefühl zu leiden, sie seien finanziell vom Ehemann abhängig. „Der Mann erwirbt das Geld, aber er kann und will nicht mehr allein darüber verfügen", meint Helge Pross. Im Gegenteil: Sehr häufig hat die Frau einen größeren Einfluß auf die Ausgabenpolitik als der Mann. Ein altes Vorurteil wird damit widerlegt: daß nämlich die Gleichberechtigung in erster Linie vom Geld abhängt.

Als Fazit kann man vielleicht feststellen: Die Hausfrau ist „gespalten". Sie träumt vom Beruf und will doch die Familie nicht lassen.

Würde man eine ähnliche Untersuchung bei unverheirateten Frauen anstellen, die berufstätig sind, so käme vielleicht ein ähnliches Ergebnis heraus: Sie wären gern verheiratet und hätten gern Kinder, möchten aber nicht aufhören zu arbeiten.

1. bedrückt, befriedigt, isoliert, einsam sein; sich bedrückt, befriedigt, isoliert, einsam fühlen.

2. unter der Einsamkeit, unter einem Vorurteil, unter der Belastung durch die Arbeit leiden, aber: an Krebs, an einer Krankheit leiden.

3. je ... desto: Je größer das Haus, desto höher ist die Miete.

4. sich wünschen = den Wunsch haben nach: „Ich wünsche mir einen interessanteren Beruf." = „Ich habe den Wunsch nach einem interessanteren Beruf".

5. „Grüne Witwen" nennt man die Frauen, die „im Grünen", das heißt in Stadtrandsiedlungen wohnen und den ganzen Tag allein sind. (Witwe: Frau, deren Mann gestorben ist)

6. Einfluß haben auf: Der Bürger hat wenig Einfluß auf die große Politik; unter dem Einfluß stehen: Seine Karriere stand unter dem Einfluß seines Lehrers.

7. widerlegen: Vorurteile, Thesen, Meinungen, Ansichten, Auffassungen werden widerlegt.

8. träumen von: vom Beruf, von der Prüfung träumen.

Zur Diskussion

a. Sollten Frauen grundsätzlich einen Beruf erlernen?

b. Wann sollten Frauen in ihren Beruf zurückkehren: wenn die Kinder in die Schule gehen oder wenn die Kinder selbständig sind?

c. Wer verfügt bei Ihnen über das Geld: die Frau, der Mann oder beide zusammen? Was halten Sie für richtig?

d. Gibt es in Ihrem Lande große Familien mit vier und mehr Kindern, oder sind die Kleinfamilien häufiger? Wie ist das bei der älteren Generation, wie bei der jüngeren?

e. Es kommt vor, daß die berufstätige Frau mehr Geld verdient als ihr Mann. Würden Sie sich von Ihrer Frau abhängig fühlen, wenn das bei Ihnen so wäre?

Aufgabe

Sie müssen selbst die Umfrage bei den deutschen Hausfrauen machen.
Was fragen Sie?

1. *fast – über – die Mehrzahl – der überwiegende Teil*

fast jede(r); jede(r) zweite; über die Hälfte; die Mehrzahl, der überwiegende
Teil der (aller) Befragten.

2.

> Drei Kinder hat sie? Hat sie deshalb aufgehört zu arbeiten? –
> Ja, sie hat der Kinder wegen aufgehört zu arbeiten.

a. Ihr Mann ist krank? Ist sie deshalb zu Hause geblieben? **b.** Sein Sohn
ist noch im Studium? Muß er deshalb sparen? **c.** War die Miete so hoch?
Sind sie deshalb ausgezogen? **d.** Ach so, die haben zwei Töchter? Kommen
die jungen Leute deshalb so oft?

3. *angeben*

> Die Arbeit im Haushalt befriedigt sie nicht.
>
> Sie gab an (antwortete, erklärte, meinte, sagte, stellte fest),
>   daß die Arbeit im Haushalt sie nicht befriedige.
>   die Arbeit im Haushalt befriedige sie nicht.

a. Sie ist schon als junges Mädchen selbständig gewesen und hat Geld
verdient. **b.** Sie haben keine abgeschlossene Berufsausbildung, und deshalb
sind die Möglichkeiten, eine Arbeit zu finden, sehr gering. **c.** Er kann
über sein Geld nicht mehr allein verfügen. **d.** Sie kann jederzeit in den
Beruf zurückkehren.

4. *entsprechen – entsprechend*

Diese Tätigkeit entspricht nicht meiner Ausbildung.
Die Qualität sollte dem Preis entsprechen.

Sie hat gestern ihre Abschlußprüfung gemacht. Jetzt sucht sie eine entsprechende Stelle.
Ihren Wünschen können wir leider nicht entsprechen.

5. *ab sofort (morgen, nächste Woche, Anfang zwanzig, DM 40,—)*

ab sofort   = von jetzt an

  morgen   = von morgen an usw.

ab 18   = Die Zuschauer, Besucher usw. müssen 18 Jahre alt sein. (z. B. im Kino)

ab DM 20,— = Die billigste Ware kostet DM 20,—. (Schilder im Kaufhaus)

6. *überraschen*

> Das Ergebnis hat die Befragten überrascht.
> (Sie hatten etwas anderes erwartet.)
>
> Das Ergebnis überrascht (ist überraschend, ein überraschendes Ergebnis).
> (Es überrascht die Öffentlichkeit. Man hatte etwas anderes erwartet.)
>
> Er überraschte sie mit einem teuren Geschenk.
>
> Was gibt es heute zu essen? Laß dich überraschen!

a. Das hätten wir nicht gedacht! Dieses Ergebnis hat ... überrascht. **b.** Sie hat ihrem Mann nichts von dem Buch gesagt, sie wollte ... überraschen. **c.** Fragen Sie nicht so viel, lassen ... ... doch überraschen. **d.** ... Ergebnisse waren nicht zu erwarten. **e.** Finden Sie diesen Wunsch ...? **f.** Wir haben ganz ... Besuch bekommen.

7. *scheinen*

> Es scheint, daß die Mehrzahl der Frauen nicht unter Einsamkeit leidet. –
> Die Mehrzahl der Frauen scheint nicht unter Einsamkeit zu leiden.

a. Es scheint, daß fast alle Frauen einen größeren Einfluß auf die Ausgabenpolitik haben als die Männer. **b.** Es scheint, daß mit dieser Umfrage ein altes Vorurteil widerlegt wird. **c.** Es scheint, daß der überwiegende Teil der Befragten keine abgeschlossene Berufsausbildung hat. **d.** Es scheint, daß fast jede Frau irgendwann einmal berufstätig gewesen ist.

8. *herauskommen bei*

Was für ein Ergebnis *ist* denn *bei* der Umfrage *herausgekommen*?
(= Was *ist* denn als Ergebnis *bei* der Umfrage *herausgekommen*?)
(= Welches Ergebnis *ist* denn *bei* der Umfrage *herausgekommen*?)

Es *ist* nichts (Neues) *dabei herausgekommen.*

Dabei kann nichts *herauskommen.*
(Das braucht man gar nicht erst anzufangen.)

9.

Intensivere Kontakte? Ist das das einzige Ergebnis, was dabei herausgekommen ist? – Ja, als einziges Ergebnis ist der Wunsch nach intensiveren Kontakten herausgekommen.

a. Mehr Gleichberechtigung? **b.** Bessere Berufsausbildung? **c.** Höhere Gehälter? **d.** Größerer Einfluß auf die Ausgabenpolitik? **e.** Selbständige Arbeit? **f.** Weniger Belastung durch den Haushalt?

So enttäuscht einen das Leben!

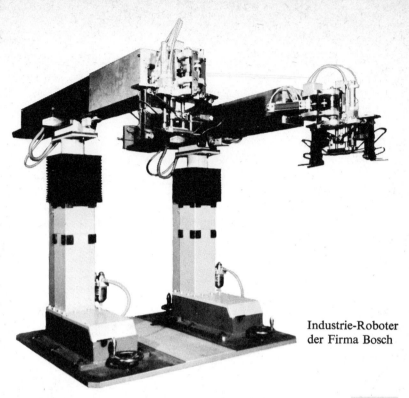

Industrie-Roboter
der Firma Bosch

Die Roboter sind unter uns 6 A

Roboter sind immer gleich fleißig, werden nicht krank, streiken nicht, verlangen keine Lohnerhöhungen und brauchen keine Altersversorgung. Werden sie künftig den Menschen vom Fließband verdrängen?
Der Schweizer Unternehmensberater Dr. Xavier B. Ghali ist beschäftigt wie nie zuvor. Er besucht pausenlos seine zahlreichen Kunden, die von ihm wissen wollen, wo sie in ihren Fabriken statt der Arbeiter Roboter an die Fließbänder stellen können. Besonders häufig besucht Ghali die Bundesrepublik, denn auf seiner Kundenliste stehen neben General Motors und Boeing in den USA auch die westdeutschen Firmen AEG-Telefunken, Bosch, Daimler-Benz und die Maschinenfabrik Augsburg-Nürnberg (MAN). Deutschlands Industriearbeiter freilich beobachten mit wachsender Sorge die Konkurrenz des seelenlosen, stummen, aber mächtigen Kollegen, der ihnen in Zukunft ihre Arbeitsplätze streitig machen kann.

Dr. Günther Friedrichs, der Automationsexperte der Industriegewerkschaft Metall, rechnet damit, daß in den nächsten fünf bis acht Jahren Millionen Arbeitsplätze an Roboter fallen könnten, und das würde offensichtlich bedeuten, daß Arbeiter entlassen werden müssen. Er stützt sich bei dieser Rechnung auf eine Untersuchung von Ghalis Stuttgarter Geschäftspartner Professor Hans-Jürgen Warnecke, Chef des Instituts für Produktionstechnik und Automatisierung. Der Wissenschaftler hatte ermittelt, daß bei Daimler-Benz 80 Prozent aller Arbeiten von Robotern getan werden könnten.

„Nehmen wir nur die Hälfte", sagt Friedrichs, „und berücksichtigen wir, daß rund 60 Prozent aller Arbeitsplätze in der Industrie denen von Daimler-Benz entsprechen, dann kommen wir in beachtliche Größenordnungen hinein."

In wenigen Jahren schon werden manche Montagehallen trotz Hochbetrieb fast menschenleer sein. Friedrichs ermahnt die Betriebsräte zur Wachsamkeit. „Die deutschen Gewerkschaften sind keine Maschinenstürmer" sagt er, aber gleichzeitig verschickt er an die Mitglieder seiner Organisation einen ausführlichen Bericht mit der Überschrift: „Soziale und wirtschaftliche Aspekte bei der Verwendung von Industrierobotern."

„... und diese Maschine hat uns 15 Buchhalter eingespart."

1. Lohnerhöhungen: Arbeiter bekommen Lohn (Stundenlohn), Angestellte bekommen Gehalt (Monatsgehalt).

2. Dr. = Doktor, Dr. med. = Doktor der Medizin, Dr. phil. = Doktor der Philosophie, Dr. jur. = Doktor der Rechtswissenschaft.

3. AEG (Allgemeine Electricitäts-Gesellschaft)–Telefunken: ein Konzern der Elektroindustrie, ebenso wie die Firma Bosch. Daimler-Benz: das Mercedes-Werk.

4. Industriegewerkschaft Metall: die größte Gewerkschaft der Bundesrepublik, 2 300 000 Mitglieder.

5. Betriebsrat: in größeren Betrieben eine Gruppe von Arbeitnehmern, die über die Rechte der Arbeiter und Angestellten wachen.

6. Maschinenstürmer: Im neunzehnten Jahrhundert zerstörten (zerstören: kaputtmachen) die Arbeiter die ersten Maschinen, besonders in der Textilindustrie, weil sie ihre Arbeitsplätze verloren. Friedrichs will damit sagen: Die deutschen Gewerkschaften sind nicht grundsätzlich gegen die Automatisierung und gegen die Roboter, aber man muß wachsam sein, damit keine Arbeitslosigkeit entsteht.

Zur Diskussion

a. Glauben Sie, daß durch die Entwicklung von Robotern die Arbeitsplätze gefährdet werden? Denken Sie daran, daß die Menschen in den Industriestaaten nur deshalb soviel Freizeit haben, weil die Fabriken schon stark automatisiert sind!

b. Manche Arbeiten sind für den Menschen sehr langweilig, manche auch zu gefährlich (zum Beispiel in einem Atomreaktor). Was würden Sie der Industrie für die Entwicklung von Robotern raten?

Aufgabe

Sehen Sie sich die Übersicht über die deutschen Gewerkschaften auf Seite 39 an. Zu welcher Gewerkschaft würden Sie gehören, wenn Sie in der Bundesrepublik lebten?

1. *pausenlos, seelenlos, kostenlos = ohne Pause, ohne Seele, ohne Kosten*

der seelenlose Roboter, das kostenlose Essen, die pausenlose Arbeit; pausenlos arbeiten, kostenlos reisen.

ebenso: arbeitslos, berufslos, elternlos, glücklos, kinderlos, konkurrenzlos, problemlos, staatenlos, sprachlos.

Arbeitslos ist, wer keine Arbeit hat.
–los ist, wer (oder was) ...

2. *beobachten*

Sie beobachten die Konkurrenz mit wachsender Sorge.
Vom Fenster meines Wohnzimmers kann ich den Flughafen beobachten.

Wissenschaftler haben beobachtet, daß sich das Klima in Europa ändert.
(Wie Wissenschaftler beobachtet haben, ändert sich das Klima in Europa.)

3.

> Brieftauben finden über Tausende von Kilometern nach Hause zurück. Das haben Wissenschaftler beobachtet. – Wissenschaftler haben beobachtet, daß Brieftauben über Tausende von Kilometern nach Hause zurückfinden.

a. Der Sportwagen hat den Unfall verursacht? Haben Sie das beobachtet?
b. Der Verkehr auf der Autobahn ist wieder sehr stark. Das kann ich von meinem Fenster aus beobachten. **c.** Die Industrie entwickelt immer mehr Roboter. Das beobachtet die Gewerkschaft mit Sorge.

4. *mit wachsender Sorge – bei steigenden Kosten*

a. mit laufend– Motor **b.** bei steigend– Inflation **c.** mit wachsend– Bevölkerungszahl **d.** bei wechselnd– Wetter **e.** bei passend– Gelegenheit **f.** mit steigend– Alter **g.** bei steigend– Preisen

5. *mancher, manche – der (die) eine oder andere – einige*

Mancher Betrieb ist schon heute fast menschenleer.
(= Der eine oder andere Betrieb ...)

37

Manche Fabrik wird in wenigen Jahren vollautomatisiert sein.
(= Die eine oder andere Fabrik ...)

Manchen Menschen gefallen die modernen Hochhäuser nicht.
(= Einigen Menschen ...)

In manchen Firmen wird immer noch samstags gearbeitet.
(= In einigen Firmen ...)

Was sich manche Leute so vorstellen!
(Manche Leute haben komische Ideen!)

Die Ideen mancher Leute sind wirklich komisch!

6. *manches Mal – manchmal*

> Sehen Sie jeden Abend fern? – Nein, nur manchmal. (= nicht oft)
> Waren Sie schon einmal im Restaurant des Olympiaturms? –
> O ja, da waren wir schon manches Mal. (= schon oft)

a. Nein, zum Fußball gehe ich nur ... **b.** Das habe ich ihm schon so ...
gesagt! **c.** ... denke ich, ich sollte weniger arbeiten. **d.** Das Fernsehpro-
gramm ist ... ziemlich langweilig.

7. *trotz – trotzdem – obwohl*

In der Firma herrscht Hochbetrieb. Trotzdem ist die Halle fast menschenleer.
Trotz Hochbetrieb ist die Halle fast menschenleer.
Obwohl Hochbetrieb herrscht, ist die Halle fast menschenleer.

Es regnet. Trotzdem geht Hans zu Fuß zur Arbeit.
Trotz des Regens geht Hans zu Fuß zur Arbeit.
Obwohl es regnet, geht Hans zu Fuß zur Arbeit.

Es regnet. Was machen wir jetzt? Wir gehen trotzdem zu Fuß.
Das Buch ist aber sehr teuer. Macht nichts, ich kaufe es trotzdem.
(Ich kaufe es trotz des hohen Preises.)

8.

> Die Miete ist sehr hoch. Nehmen Sie die Wohnung trotzdem? –
> Ich nehme sie trotz der hohen Miete.

a. Das Wetter ist schlecht. Gehst du trotzdem zu Fuß? **b.** Die Preise steigen. (!) Wollen Sie trotzdem ein Haus bauen? **c.** Die Mode wechselt ständig. (!) Wollen Sie diesen Anzug trotzdem kaufen? **d.** Der Verkehr ist sehr stark. Wollen Sie trotzdem mit dem Auto in Urlaub fahren?

Machen Sie dieselbe Übung noch einmal, aber verwenden Sie jetzt *obwohl*.

Die Gewerkschaften und ihre Untergliederungen

Deutscher Gewerkschaftsbund (DGB)

6 985 548 Mitglieder

DGB-Einzelgewerkschaften:

Industriegewerkschaft Bau, Steine, Erden (511 699 Mitglieder)

Industriegewerkschaft Bergbau und Energie (392 571 Mitglieder)

Industriegewerkschaft Chemie, Papier, Keramik (613 057 Mitglieder)

Industriegewerkschaft Druck und Papier (150 831 Mitglieder)

Gewerkschaft der Eisenbahner Deutschlands (425 693 Mitglieder)

Gewerkschaft Erziehung und Wissenschaft (124 819 Mitglieder)

Gewerkschaft Gartenbau, Land- und Forstwirtschaft (43 403 Mitglieder)

Gewerkschaft Handel, Banken und Versicherungen (171 341 Mitglieder)

Gewerkschaft Holz und Kunststoff (129 830 Mitglieder)

Gewerkschaft Kunst (34 778 Mitglieder)

Gewerkschaft Leder (59 066 Mitglieder)

Industriegewerkschaft Metall für die Bundesrepublik Deutschland (2 312 294 Mitglieder)

Gewerkschaft Nahrung, Genuß, Gaststätten (244 829 Mitglieder)

Gewerkschaft Öffentliche Dienste, Transport und Verkehr (ÖTV) (993 879 Mitglieder)

Deutsche Postgewerkschaft (373 184 Mitglieder)

Gewerkschaft Textil – Bekleidung (287 388 Mitglieder)

Deutsche Angestelltengewerkschaft (DAG)

480 000 Mitglieder

DAG-Bundesberufsgruppen:

Kaufmännische Angestellte
Banken und Sparkassen
Öffentlicher Dienst
Technische Angestellte und Beamte
Versicherungsangestellte
Meister
Schiffahrt
Bergbauangestellte

Mütter arbeiten umsonst

Achtzig Prozent der Kinder in den Säuglings- und Kleinkinderheimen der Bundesrepublik stammen von alleinstehenden Frauen. Diese Frauen geben ihre Kinder nicht deshalb in ein Heim, weil sie schlechte Mütter sind, sondern weil sie Geld verdienen müssen, um leben zu können.
Es steht heute fest, daß Kinder ihre Mutter wenigstens in den ersten drei oder vier Lebensjahren dringend brauchen. Wenn das aber so ist, dann ist es ein Unding, die von ihren Kindern so dringend gebrauchten Mütter zur Arbeit zu schicken. Ein Kind, das in einem Heim aufwächst, kostet den Staat wesentlich mehr Geld, als zur Unterstützung der Mutter erforderlich wäre, damit sie ein paar Jahre zu Hause bei ihren Kindern bleiben kann. Unsere Sozialpolitiker sollten sich einmal Gedanken darüber machen, auf welche Weise die mütterliche Arbeit im Hause honoriert werden kann.
Alle andern reden ständig vom Geld. Unablässig kämpfen die Interessenvertreter der verschiedenen Berufsgruppen um Lohnerhöhungen, und die öffentliche Meinung applaudiert. Nur die Mütter sollen umsonst arbeiten.
Das paßt doch nicht zusammen: Von allen Seiten werden die Mädchen und Frauen ermuntert, für Selbständigkeit und Unabhängigkeit zu sorgen; doch wenn sie sich um ihre kleinen Kinder kümmern und damit eine viel wichti-

gere Arbeit leisten, als es irgendeine Erwerbstätigkeit sein kann, gehen sie leer aus.

Wünschenswert wäre, daß alle Mütter wenigstens bis zum vollendeten dritten Lebensjahr ihres Kindes ein angemessenes Gehalt bekommen. Zweifellos werden die Finanzminister erklären, es sei ganz unmöglich, solch eine Forderung zu erfüllen. Aber sie sollten nicht nur an die Ausgaben, sondern auch an die Ersparnisse denken, die ein Kinderschutz dieser Art mit sich bringen würde. Wenn Fehlentwicklungen vermieden werden, braucht man wahrscheinlich nicht mehr so viele Sonderschulen und Erziehungsheime, Strafanstalten und Polizeikräfte.

Wir müssen darauf achten, daß die Kinder, die ohne ihr Zutun ins Leben gerufen worden sind, auch gute Chancen bekommen, das Leben zu meistern.

Mach mir nicht das Leben schwer. Nimm Dir Zeit, mit mir zu spielen.

41

1. stammen von: Das Bild stammt noch von meinen Eltern. (Meine Eltern haben es schon gehabt); stammen aus: Er stammt aus Berlin. (Er kommt aus Berlin, ist in Berlin geboren.)

2. weshalb – weil: Weshalb geben die Frauen ihre Kinder in ein Heim? Weil sie arbeiten müssen. Nicht deshalb, weil ..., sondern weil ... : Sie geben ihre Kinder nicht deshalb in ein Heim, weil sie schlechte Mütter sind, sondern weil sie arbeiten müssen. Deshalb: Er mußte arbeiten. Deshalb konnte er nicht kommen.

3. Die Mutter wird dringend gebraucht. Von wem? Von ihren Kindern. Man sollte die von ihren Kindern dringend gebrauchte Mutter nicht zur Arbeit schicken.

4. Das paßt nicht zusammen: Rauchen und Sport treiben. Das paßt gut zusammen: Er spielt Klavier und sie spielt Geige. Die beiden passen gut zusammen: Sie interessieren sich beide für Kunst.

5. leer ausgehen: Wer nichts bekommt, geht leer aus.

6. eine Chance bekommen, geben, haben: Er war schon zehn Jahre bei der Firma, als er endlich eine Chance bekam und ins Ausland geschickt wurde. Eine Chance geben: Er ist zwar kein guter Arbeiter, aber die Firma hat ihm noch einmal eine Chance gegeben. Gute Chancen haben: Er hat gute Chancen, die Stelle zu bekommen.

Zur Diskussion

a. Jeder Beruf hat seine Gewerkschaft, die seine Interessen vertritt. Die Mütter haben keine Gewerkschaft und keine Interessenvertretung. Sollten sie eine Gewerkschaft oder einen Verein gründen, oder glauben Sie, daß die Regierung (die ja meistens aus Männern besteht) genug für die Frauen tun wird?

b. Mütter arbeiten meistens länger als Männer an ihrem Arbeitsplatz. Sie müßten also mindestens genauso viel verdienen. Was meinen Sie?

c. Wären Sie für eine Steuererhöhung, damit den Müttern ein Gehalt gezahlt werden kann?

42

1. *irgendein; irgend etwas (irgendwas); irgend jemand; irgendwer, –wann, –wo, –woher, –wohin, –welche*

Woher wissen Sie das? Das hat mir irgendein Bekannter gesagt.
Irgendeiner hat mir das erzählt.

Was möchtest du essen? Ganz egal, irgendwas.
Irgend jemand muß mir doch sagen können, wann das Flugzeug geht!
Irgendwer sagte neulich, die Siedlung sollte abgerissen werden.

Irgendwann wird es dann überhaupt nur noch Roboter geben.
Irgendwo habe ich meine Zigaretten liegenlassen.
Irgendwoher müssen doch diese Preissteigerungen kommen!
Ich weiß noch nicht, wohin ich fahre, irgendwohin, wo's schön ist.

Irgendwelche Leute scheinen zu glauben, Politik wäre ein leichter Beruf!

2. *bei, mit irgendeinem, –einer, –welchen*

a. Wo übernachten Sie denn? Mal sehen, bei ... Freund. **b.** Wann kommst du wieder? Ich weiß noch nicht, mit ... Maschine morgen früh. **c.** Wo haben Sie denn Herrn Schmidt kennengelernt? Ich weiß nicht mehr, bei ... geschäftlichen Besprechung. **d.** Also, wie war das? Kommen Sie jetzt nicht mit ... Ausrede! **e.** Ich suche eine Tätigkeit, die meiner Ausbildung entspricht. Sie können mich nicht mit ... Arbeiten beschäftigen!

3. *wenn – dann*

> Die Frauen gehen zur Arbeit. Aber zu Hause werden sie dringend gebraucht. – Wenn sie zu Hause dringend gebraucht werden, dann sollten sie nicht zur Arbeit gehen.

a. Hans geht ständig ins Kino. Aber er hat sehr wenig Geld. **b.** Die Mütter arbeiten umsonst. Aber Hausarbeit ist Schwerarbeit. **c.** Die öffentliche Meinung applaudiert. Aber alle reden vom Geld. **d.** Ständig werden neue Hochhäuser geplant. Aber niemand möchte darin wohnen. **e.** Überall wird Military-Kleidung getragen. Aber alle reden vom Frieden.

4. *kosten*

Das hat	viel Arbeit	
	seine ganzen Ersparnisse	
	ein ganzes Monatsgehalt	gekostet.

Das hat ihn (sie, uns)
      viel Arbeit
      die ganzen Ersparnisse
      das Leben
      die Stelle
      einen freien Samstag   gekostet.

5.

> Was hat dich der Fernseher gekostet? Ein Monatsgehalt? –
> Ja, der hat mich fast ein Monatsgehalt gekostet.

a. Und die Wohnung hat euch eure ganzen Ersparnisse gekostet? **b.** Die Kinder kosten Sie sicher einen großen Teil Ihrer Zeit. **c.** Die Unterstützung der Mütter wird den Staat wohl sehr viel Geld kosten. **d.** Die Reparatur seines Wagens hat ihn bestimmt den ganzen Sonntag gekostet.

6. *kämpfen um – sich kümmern um – darum – worum? – um wen?*

> Die Gewerkschaften kämpfen um Lohnerhöhungen. – Natürlich kämpfen
> sie darum. Worum sollten sie sonst kämpfen?
> Kümmert sich Ihre Frau um die Kinder? – Natürlich kümmert sie sich
> um sie. Um wen sollte sie sich sonst kümmern?

a. Kannst du … heute mal … das Mittagessen …? **b.** Wir werden … Unabhängigkeit … **c.** … diese Forderung … ich. … denn sonst? **d.** … deine Schallplatten? … konnte ich … nicht auch noch … **e.** … die Gäste? … soll ich … denn sonst noch …?

7. *achten auf (darauf) – sich Gedanken machen über (darüber)*

> Achten Sie auf Ihre Gesundheit? – Natürlich achte ich darauf!
> Haben Sie sich schon mal Gedanken über die Zukunft gemacht? –
> Natürlich habe ich mir darüber schon mal Gedanken gemacht!

a. Habt ihr euch schon mal Gedanken über die Arbeitslosigkeit gemacht?
b. Achtet er auf die Forderungen der verschiedenen Berufsgruppen?
c. Machst du dir eigentlich Gedanken über die Selbständigkeit der Frauen?
d. Achtest du auf die Schularbeiten deiner Kinder?

SZ-Wochenchronik 23 (1974)

Reform des § 218 abgeschlossen

Mit 260 Stimmen hat am 5. Juni der Bundestag den Einspruch des Bundesrates gegen die Fristenlösung zurückgewiesen. Wenn der Bundespräsident in der kommenden Woche das Gesetz unterzeichnet, womit allgemein gerechnet wird, wird Schwangerschaftsabbruch während der ersten drei Monate straffrei sein.

München (epd)
„Mit der Abstimmung über die neue Fassung des Paragraphen 218 werden auf dem Feld des Schutzes des menschlichen Lebens Grenzsteine versetzt", erklärte der bayerische Landesbischof Hermann Dietzfelbinger in einer Stellungnahme zur endgültigen Entscheidung des Bundestages zur Reform des Paragraphen. Dietzfelbinger bittet „alle Glieder unseres Volkes, insbesondere die Christen", die vermeintlich größere Freiheit, die die neue Regelung gibt, nicht zu gebrauchen, sondern bei dem Gebot Gottes zu bleiben, das das Leben schützt und zum Leben hilft.

Staubsauger ...

Gegen die Monotonie am laufenden Band

In einem Abkommen, das im Jahre 1973 zwischen der Gewerkschaft und den Unternehmern der Metallindustrie Nordwürttemberg-Nordbadens getroffen wurde, sind zwei Bestimmungen von besonderer Wichtigkeit:
1. Die Fließbänder dürfen in den nächsten sechs Jahren nicht schneller laufen als bisher.
2. Die sogenannten „Arbeitstakte" dürfen nicht noch weiter aufgeteilt werden.

Die Bedeutung der ersten Bestimmung ist ohne weiteres klar. Die zweite besagt, daß die Aufgabe, die ein Fließbandarbeiter hat, nicht mehr verkleinert werden darf. Dazu ein (theoretisches) Beispiel. Nehmen wir an, ein Arbeiter hätte in seinem „Arbeitstakt", der vielleicht eine Minute dauert, acht Schrauben einzusetzen, vier an einer Stelle (zum Beispiel einer Autokarosserie) und vier an einer anderen. Nun könnte es sein, daß diese Arbeit insgesamt schneller geht, wenn sie nacheinander von zwei Arbeitern geleistet wird, von denen jeder für seine vier Schrauben nur 25 Sekunden braucht. Die Aufgabe des einzelnen Arbeiters würde sich auf vier Schrauben beschränken, sein Arbeitstakt würde sich auf 25 Sekunden verkürzen und insgesamt wären zehn Sekunden eingespart. Diese Art der Rationalisierung ist in Zukunft verboten.

In der Überlegung, ob mehr Produktivität oder mehr Humanität am Arbeitsplatz wichtiger ist, hat man sich für die letztere entschieden. Problematisch am schnellen Fließband und am kurzen Takt sind nicht allein Hetze und Monotonie, sondern auch der Verlust jeglicher Verbindung zum Produkt. Wer immer nur die eine Schraube sieht, die im Blitztempo Stunde für Stunde an ein und derselben Stelle anzubringen ist, dem wird das Endprodukt ebenso gleichgültig wie die Frage, ob die Schraube auch tatsächlich sitzt.

Da gerade in der Autoindustrie unter dem Einfluß Henry Fords das Fließband am härtesten durchorganisiert wurde (in der deutschen Ford-Gesellschaft waren die Taktzeiten mit etwa 50 Sekunden am kürzesten), ist es kein Wunder, daß von dieser Seite auch die Reaktion kam. Das Gegenrezept: Gruppen- oder Teamarbeit, auf jeden Fall aber mehrere Handgriffe innerhalb einer längeren Taktzeit. Volvo in Schweden ist zum Autobau in der Gruppe übergegangen, BMW hat seine neue Autofabrik ähnlich organisiert und auch Fiat in Neapel arbeitet nach dem Prinzip, daß jeder Bandarbeiter möglichst eine eigene, in sich geschlossene Aufgabe erhält.

Das Fließband ist auf dem Rückzug. Es funktioniert nur so lange, wie der Mensch bereit ist, wie eine Maschine immer wieder den gleichen Handgriff zu tun. Das aber ist unmenschlich, und deshalb hat der Vertrag in der Metallindustrie eine neue Entwicklung eingeleitet: Der Mensch bedient zwar die Maschine, aber er will aufhören, selbst Maschine zu sein.

... und Schweizer Käse am laufenden Band

1. Monotonie: Eintönigkeit.

2. am laufenden Band: Dieser Ausdruck wird hier als Wortspiel benutzt. Gemeint ist das Fließband. *Am laufenden Band* bedeutet aber auch: pausenlos. Wegen des starken Verkehrs während der Ferien gab es Unfälle am laufenden Band.

3. Arbeitstakt: die Zeit, nach der sich dieselbe Arbeit wiederholt. Ein Arbeiter hat beispielsweise zwei Minuten Zeit, um seine Arbeit an einer Autokarosserie zu tun. Nach zwei Minuten macht er dieselbe Arbeit an der nächsten Karosserie.

4. Verbindung zum Produkt: das Interesse an dem Produkt, an dem man arbeitet.

5. ob die Schraube auch tatsächlich sitzt: ob sie tatsächlich fest ist. Bei der Arbeit wird häufig der Ausdruck verwendet: Das sitzt! = Das ist fest. Das ist in Ordnung.

6. durchorganisieren: jede Möglichkeit der Organisation ausnutzen; ebenso: durchrationalisieren.

7. Gegenrezept: das Rezept der Leute, die gegen die augenblickliche Organisation sind. Rezept eigentlich: Vorschrift des Arztes. Kochrezept = Kochvorschrift.

Zur Diskussion

a. Genügt es nach Ihrer Meinung, die Arbeit am Fließband interessanter zu machen, oder sollte man es ganz abschaffen? Welche Möglichkeiten gibt es? (Lesen Sie noch einmal den Text Nr. 6.)

b. Welche Folgen kann es haben, wenn jemand das Interesse an der Arbeit verliert, vor allem an seiner Arbeit am Fließband?

c. Nicht alle Arbeiter sind mit dem Fließband unzufrieden. Manche wollen gar keine andere Arbeit mehr machen. Wie erklären Sie das?

Aufgabe

Stellen Sie einem Fließbandarbeiter sechs Fragen über seine Tätigkeit.

1. *haben ... zu ...; ist (sind) ... zu ...*

Gehst du ein bißchen mit mir spazieren? – Tut mir leid, ich habe noch zu arbeiten. (= Ich muß noch arbeiten.)
Die Kinder haben ihre Hausaufgaben noch zu machen. (= müssen ...)

In fünfzig Sekunden sind die Schrauben anzubringen. (= In fünfzig Sekunden müssen die Schrauben angebracht werden. Für das Anbringen der Schrauben stehen fünfzig Sekunden zur Verfügung.)
Der Redner war kaum zu verstehen. (= Man konnte ihn kaum verstehen.)
Die Musik war kaum zu hören. (= Man konnte sie kaum hören.)

2.

> In zwei Stunden ist diese Arbeit nicht zu machen. – Warum kann die in zwei Stunden nicht gemacht werden?
> Ich muß leider noch arbeiten. – Du hast aber auch immer zu arbeiten!

a. In einer Woche ist das nicht zu leisten. **b.** Die Kinder müssen noch Klavier üben. **c.** In fünfzig Sekunden sind die Schrauben nicht anzubringen. **d.** Er muß noch was tun. **e.** In zwei Tagen ist das nicht zu schaffen. **f.** Wir müssen noch etwas schreiben. **g.** In einem Jahr ist das nicht zu planen.

3. *zuerst – zuletzt; der (das, die) erste – letzte; der (das, die) erstere – letztere; letzten, letztes, letzte ...*

> Zuerst kamen die Damen, dann die Kinder und zuletzt die Herren.
> Bitte, wann geht der erste Zug nach Frankfurt und der letzte zurück nach München?
> Die Zeitschrift ist leider nicht mehr da, wir haben die letzte eben verkauft.
> Wofür entscheiden Sie sich, für mehr Produktivität oder mehr Humanität?
> Für die erstere nur dann, wenn die letztere nicht darunter leidet.
> Letzten Donnerstag (letztes Wochenende, letzte Woche) hatten wir Besuch.

a. ... Jahr waren wir in der Schweiz. **b.** Ich fahre ... nach Hannover, ... nach Bremen und ... nach Hamburg. **c.** Sie haben Glück, das ist die ...

Beatplatte, die wir haben. **d.** Wo waren Sie denn ... Samstag? **e.** Welchen Arbeitsplatz wählen Sie, den interessanteren oder den besser bezahlten? Ich glaube, ich wähle ... ... **f.** Ich komme heute spät nach Hause, ich komme mit ... ... Zug.

4. *problematisch – das Problematische*

Problematisch am schnellen Fließband ist die Monotonie.
(= Das Problematische am schnellen Fließband ist die Monotonie.)

Problematisch an der Fließbandarbeit sind die kurzen Takte.
(= Das Problematische an der Fließbandarbeit ...)

ebenso: unproblematisch, das Unproblematische
        schön, das Schöne, das Beste an der Sache ist ...
        schlimm, das Schlimmste an diesem Mann ist ...

5. *zu etwas übergehen*

Volvo ist zum Autobau in der Gruppe *übergegangen, BMW geht zu* einer ähnlichen Organisation *über.*

Nachdem Ford *zum* Fließband *übergegangen war, gingen* auch alle anderen Automobilfabriken *dazu über.*

Später *ging* man *dazu über,* in Gruppen zu arbeiten.

Ist es jetzt schon möglich, *zur* Produktion ohne Fließband *überzugehen?*

6. *(jeder) einzelne*

a. Jeder ... Arbeiter hat nur eine kleine Aufgabe. **b.** Bei dieser Tätigkeit kann man vom ... Arbeiter kein Interesse erwarten. **c.** Die Aufgabe ... ... Arbeiters sollte in sich geschlossen sein. **d.** An ... ... Karosserie arbeiten nacheinander ein paar Dutzend Männer. **e.** Wer nur die ... Schrauben sieht, dem ist die Arbeit gleichgültig. **f.** ... ... Bürger sollte man einen interessanten Arbeitsplatz schaffen.

7. *ebenso (genauso) ... wie; nur so lange, wie ...*

Die Mode ist mir ebenso gleichgültig wie die moderne Musik.
Er ist ebenso langweilig wie seine Frau.

50

Die moderne Industrie funktioniert nur so lange, wie die Menschen bereit sind, immer die neuesten Sachen zu kaufen.
Ich bleibe nur so lange im Ausland, wie es nötig ist.

Aber:
Ich bleibe nicht länger, als (es) nötig ist.

Fließbänder

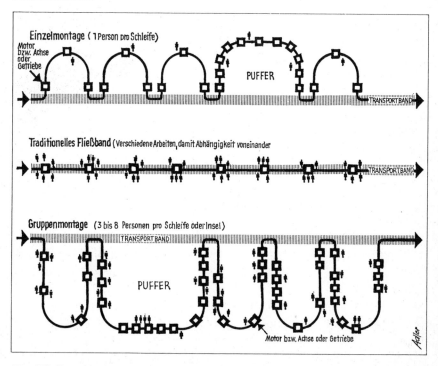

Das Fließband ist für die industrielle Massenfertigung auch heute noch unentbehrlich, wenn auch änderungsbedürftig — „Humanisierung der Arbeit" heißt das etwas hochtrabende Stichwort dafür. Konkret dreht es sich vorerst um eine Abkehr von Monotonie durch längere Taktzeiten und mehrere Arbeitsgänge in einer Hand. Das geradlinige Band soll unterbrochen, Individual- oder Gruppenmontage eingeführt werden. Diesen in der Zeichnung grob skizzierten Weg einer Neuorganisation der Bandarbeit versuchen weitschauende Unternehmen schon jetzt zu gehen.

Biomedizinische Datenbank Hoechst

In Hoechst bei Frankfurt steht ein Computer, den man nach zwei Millionen medizinischen und pharmazeutischen Fachausdrücken und Begriffen fragen kann. Er hat sie (in englischer Sprache) gespeichert und kann Auskunft darüber geben.

Diese „Biomedizinische Datenbank" der Farbwerke Hoechst ist zur Zeit die größte der Welt. Sie erfaßt jährlich 4000 medizinische Zeitschriften und mehr als 250000 wissenschaftliche Arbeiten, insgesamt im Augenblick rund 1,3 Millionen Publikationen. Sie steht übrigens nicht nur dem Management für seine Entscheidungen und den Mitarbeitern der Farbwerke Hoechst zu Forschungszwecken zur Verfügung, sondern kann von jedem Arzt in der Bundesrepublik kostenlos benutzt werden. Wozu braucht man nun eine Datenbank dieser Größe? Wer Arzneimittel herstellt, muß über alle Krankheiten informiert sein, über ihre Ursachen und ihren Verlauf und über die wissenschaftliche Literatur, die es darüber gibt. Deshalb sind wichtige wissenschaftliche Arbeiten in einer Kurzfassung (abstract) im Computer gespeichert und können jederzeit auf einem Bildschirm wiedergegeben oder ausgedruckt werden.

Daneben dient die Datenbank auch als Wörterbuch. Es ist nämlich ein Irrtum zu glauben, daß zum Beispiel die Bezeichnungen für Krankheiten einheitlich durch Namen lateinischer oder griechischer Herkunft festgelegt wären. Für eine einzige Krankheit gibt es, international gesehen, bis zu 170 verschiedene Bezeichnungen und Übersetzungen. Es ist deshalb kein Wunder, daß allein das „Wörterbuch" für Krankheitsnamen 600 000 Begriffe umfaßt.

Zur Zeit gehen bei der Datenbank täglich rund 40 Anfragen ein, sowohl von Mitarbeitern der Farbwerke als auch von Ärzten. Das ist noch nicht sehr viel, wenn man bedenkt, daß es in der Bundesrepublik mehr als 100 000 Ärzte gibt.

Andere Arzneimittelhersteller im In- und Ausland zeigen großes Interesse an der Datenbank. Es ist zu hoffen, daß es eines Tages zu einer Zusammenarbeit aller Firmen und Wissenschaftler kommt, die auf diesem Gebiet arbeiten, zu einem internationalen Erfahrungsaustausch unter der Bedingung natürlich, daß sich auch alle an der Finanzierung beteiligen.

„Nein, Krebs ist das nicht. Aber Sie haben Plattfüße!"

1. Datenbank: eine Sammlung von Informationen, die ständig vergrößert und „up to date" gehalten wird.
2. Farbwerke Hoechst: ein Konzern der chemischen und pharmazeutischen Industrie.
3. Publikation: Veröffentlichung.
4. Bildschirm: Fernsehapparate und Computer haben einen Bildschirm. Die Daten, die man aus dem Computer braucht („abruft" heißt der Fachausdruck), kann man sich auf dem Bildschirm ansehen, oder man kann sie vom Computer „ausdrucken" lassen.
5. eingehen: Anfragen oder Briefe (Post) gehen ein; die eingegangene Post.

Zur Diskussion

a. Eigentlich wäre es doch Aufgabe der Weltgesundheitsorganisation, eine Biomedizinische Datenbank zu schaffen, die allen Mitgliedsstaaten zur Verfügung steht. Natürlich müßten sich auch alle Mitglieder an der Finanzierung beteiligen. Was meinen Sie?
b. In vielen Ländern sind gute Arzneimittel sehr teuer, z.B. auch in der Bundesrepublik. Die pharmazeutische Industrie weist aber immer darauf hin, daß sie verdienen muß, weil sehr viel Geld für die Forschung gebraucht wird. Wie kann man dieses Problem lösen?
c. In einigen Ländern gehören die pharmazeutische Industrie und die Apotheken dem Staat (sie sind „verstaatlicht" worden), weil niemand an der Krankheit eines Menschen verdienen soll. Halten Sie das für richtig?

Aufgabe

Sie haben einen Freund, der Arzt ist, aber nicht Deutsch spricht. Er bittet Sie, an die Datenbank Hoechst zu schreiben. Hier sind seine Fragen:

1. Muß ich auf deutsch schreiben, wenn ich eine Auskunft brauche?
2. Sind die Auskünfte auch für Ausländer kostenlos?
3. Haben Sie auch gedruckte Kurzfassungen von wissenschaftlichen Artikeln?

1. *dieser*

a. Wozu braucht man eine Datenbank ... Größe? **b.** Eine Familie ...
Namens kenne ich nicht. **c.** Ein Mann ... Alters sollte nicht mehr Auto
fahren. **d.** Die Jugendlichen ... Generation sind auch nicht toleranter.
e. Mit Zahlen ... Größenordnung hatten wir bisher nicht zu tun.

2. *jemand (über etwas) informieren – informiert sein – sich informieren –
informiert werden*

> Bitte informieren Sie mich, wenn Sie in Paris was Neues hören.
> Wenn es was Neues gibt, informieren Sie mich bitte darüber.
> Nein, ich arbeite nicht in der Abteilung. Über Arzneimittel bin ich nicht
> informiert.
> Schon wieder eine neue Datenbank? Darüber muß ich mich gelegentlich
> mal informieren.
> Alle neuen Mitarbeiter werden vom Chef selbst informiert.

a. Ich muß ... noch ... die neuen Bestimmungen ... **b.** Der Neue ist wirklich
gut ... **c.** Wenn Herr Meyer das noch nicht weiß, dann ... Sie ... **d.** Achten
Sie darauf, daß die jungen Leute gut ... ... **e.** Ärzte sollten sich ständig ...
neue Arzneimittel ...

3.

> Es ist ein Irrtum
>   Leichtsinn
>   falsch
>   Blödsinn
>   Unsinn
>   Quatsch
>   ein Vorurteil zu glauben, daß das Leben heute leichter wäre als
> früher.

a. Glauben Sie, daß die Menschen heute toleranter sind als früher? (Es
ist ...) **b.** Glauben Sie, daß Rauchen ungefährlich ist? **c.** Nehmen Sie an,

daß die Fließbänder schon bald abgeschafft werden können? **d.** Meinen
Sie, daß ein Arzt über alle Krankheiten informiert sein kann? **e.** Hoffen
Sie, daß es eines Tages keine Krankheiten mehr gibt? **f.** Meinen Sie, daß
alle Wissenschaftler der Welt zusammenarbeiten können?

4. *sich interessieren für = interessiert sein an = Interesse haben an (zeigen
für) – jemand interessieren für*

Interessieren Sie sich für die Datenbank?
Wären Sie an einer Zusammenarbeit mit uns interessiert?
Haben Sie Interesse an wissenschaftlicher Literatur?
Konnten Sie ausländische Firmen für Ihre Arbeit interessieren?

---

a. Obwohl die Datenbank kostenlos benutzt werden kann, scheinen noch
nicht viele Ärzte ... ... zu sein. **b.** Die Arzneimittelhersteller im Ausland
... ... allerdings sehr stark dafür. **c.** Auch an den Kurzfassungen der wissenschaftlichen Arbeiten sind sie ... **d.** Mehrere Konzerne konnten für die
Mitarbeit ... werden. **e.** Sie zeigten großes ... ... einer Zusammenarbeit.

5. *es kommt zu (dazu) – darauf kommen*

Zu einer Zusammenarbeit *ist es* bisher nicht *gekommen.*
(= *Zur* Zusammenarbeit *ist es* bisher nicht *gekommen.*)
(*Dazu ist es* noch nicht *gekommen.*)
Auf der Autobahn Salzburg *kam es* gestern *zu* mehreren schweren Un-
fällen.
Wie *ist es* nur *dazu gekommen,* daß er kaum noch Freunde hat?
(*Woher kommt es,* daß ...)
Hast du das Buch schon gelesen? Nein, ich bin noch nicht *dazu gekommen.*
(Ich hatte noch keine Zeit dazu.)
Wie *kommst* du nur *darauf,* daß mich deine Arbeit nicht interessiert?
(Warum nimmst du an, daß ...)
Darauf bin ich gar nicht *gekommen!*
(Das ist mir gar nicht eingefallen.)

---

a. Ich komme im Augenblick nicht ..., wer jetzt Innenminister in England
ist. **b.** Er wollte den Brief gestern noch schreiben, aber er kam nicht mehr

... **c.** Wann kommt es denn endlich ... Veröffentlichung Ihrer Arbeit?
d. Gestern kam es schon wieder ... ... schweren Unfall. **e.** Hoffentlich
komme ich heute ..., meine Mutter anzurufen.

Der eingebildete Kranke

Ein Gespräch zwischen Arzt
und Patient

Wissen Sie, Herr Doktor, ich fühle mich nicht gut. Ich kann nicht ein-
schlafen, das Essen schmeckt mir nicht und ich habe ganz weiche Knie.
Und dann immer diese Müdigkeit, und frieren tu ich auch. Was kann das
nur sein?
Nun, ich werde Sie erst mal untersuchen. Ziehen Sie doch bitte Ihr Hemd
aus. Vielleicht haben Sie sich erkältet, haben eine Grippe in den Knochen
oder so was. Haben Sie Temperatur?
Nein, ich messe jeden Morgen Fieber.
Was, auch wenn Sie gesund sind? Machen Sie bitte mal den Mund auf.
Die Zunge ist in Ordnung. Haben Sie Halsschmerzen, Kopfschmerzen,
Ohrenschmerzen?
Nein.
Haben Sie irgendwelche Krankheiten in der Familie?
Nein. Mein Großvater ist neunzig geworden, mein Vater achtundachtzig,
mein Onkel ist jetzt vierundneunzig, und so alt möchte ich auch werden.
Rauchen Sie?
Ich habe noch nie eine Zigarette angefaßt.
Trinken Sie?
Keinen Tropfen.
Sind sie verheiratet?
Ich bin ledig.
Wie steht's mit der Liebe? Haben Sie eine Freundin?
Aber Herr Doktor!
Betätigen Sie sich sportlich?
Das ist mir viel zu gefährlich.
Aha. Sagen Sie mal, warum wollen Sie eigentlich neunzig Jahre alt werden?

Viele Eltern müssen in die Tasche greifen, wenn sich ihre Kinder schon einmal herablassen, ihnen im Haushalt zur Hand zu gehen. Die Mädchen helfen oft noch eher, aber die Herren Söhne sind meist nur durch ein ansehnliches Trinkgeld dazu zu bewegen.

Im Zeitalter der Gleichberechtigung ist diese Rollenverteilung nicht länger aufrechtzuerhalten. Mann und Frau sind gleichermaßen für die Haushaltsführung zuständig und verantwortlich; und das sollte für die Kinder ebenso gelten. Eigentlich sollte es selbstverständlich sein, die elterliche Wohnung nicht als kostenloses Hotel zu betrachten.

Wer nicht von selbst darauf kommt, daß es sich um eine – ja, sagen wir es ruhig – moralische Pflicht handelt, ab und zu einmal einen Handgriff zu tun, der muß es sich eben von höchster Stelle sagen lassen. In einem Urteil hat der Bundesgerichtshof erklärt: Kinder – unabhängig, ob Jungen oder Mädchen – sind verpflichtet, „in einer ihren körperlichen und geistigen Kräften entsprechenden Weise im Hauswesen und Geschäft der Eltern Dienste zu leisten", solange sie dem elterlichen Hausstand angehören und von Vater und Mutter erzogen und ernährt werden. Das ist gewiß kein Plädoyer für die Kinderarbeit, sondern das logische Gegenstück zu den gesetzlichen Verpflichtungen der Eltern gegenüber ihren Kindern.

Wie die Bundesrichter in Karlsruhe zu dieser Feststellung kamen? Der Hintergrund ist traurig. Eine Frau war tödlich überfahren worden; der Witwer wollte eine Ersatzkraft für seinen Haushalt, die von der Versicherung bezahlt werden sollte. Das Oberlandesgericht Celle sprach ihm diesen Anspruch auch zu, verminderte aber die finanziellen Leistungen der Versicherung. Begründung: Die 14jährige Tochter sei verpflichtet, wöchentlich etwa sieben Stunden Hausarbeit für die Familie zu leisten.

Der Bundesgerichtshof bestätigte dieses Urteil, beanstandete aber, daß der gleiche Grundsatz nicht auch auf den noch minderjährigen Sohn angewandt wurde. Dieser habe dieselben Pflichten wie seine Schwester.

Jeden Tag eine Stunde helfen, so haben die Richter bestimmt. So viel dürften die meisten Eltern gar nicht erwarten. Aber mit den Extrawürsten für die Herren Söhne sollte es endgültig vorbei sein.

1. in die Tasche greifen (um das Geld herauszuholen): bezahlen.
2. zur Hand gehen: helfen.
3. von höchster Stelle: vom höchsten Vorgesetzten (Chef); hier: vom höchsten deutschen Gericht, dem Bundesgerichtshof.
4. Bundesrichter: Richter am Bundesgerichtshof.
5. Karlsruhe: Stadt in Baden, Bundesland Baden-Württemberg, ca. 270000 Einwohner.
6. Oberlandesgericht: das höchste Gericht eines Bundeslandes.
7. Celle: Stadt in Niedersachsen, ca. 76500 Einwohner.
8. Extrawürste, hier: besondere Rechte. *Der kriegt eine Extrawurst gebraten* bedeutet: Für den wird etwas Besonderes gemacht, der hat besondere Rechte.

Zum Nachdenken

a. Sind Sie (als Mann) für die Gleichberechtigung? Das würde bedeuten, daß Sie
im Haushalt helfen,
Kochen lernen,
einen Kurs in Kinderpflege machen, wenn Ihre Frau ein Kind erwartet,
zu Hause bleiben, wenn Ihre Frau mit ihrer Freundin ins Kino geht,
Ihrer Frau genauso viel Geld geben, wie Sie selbst brauchen,
Ihre Frau im Urlaub allein an die See fahren lassen, wenn sie keine Lust hat, mit Ihnen in die Berge zu fahren,
Ihrer Frau erlauben, mit Ihrem Auto zu fahren, wann sie will, auch wenn Sie zu Fuß gehen müssen, und so weiter ...

b. Sind Sie (als Frau) für die Gleichberechtigung? Das würde bedeuten, daß Sie
abends allein in ein Restaurant gehen,
manchmal spät nach Hause kommen, ohne zu sagen, wo Sie waren,
sich das Essen von Ihrem Mann kochen lassen,

die Kinder von Ihrem Mann versorgen lassen, sonntags zum Fußballspiel gehen, und so weiter ...

Oder ist Gleichberechtigung etwas ganz anderes?

1. *jemand zu etwas (dazu) bewegen*   persuade   get some one to do sth.

> Ist Ihre Frau mitgegangen? – Nein, ich konnte sie nicht dazu bewegen mitzugehen.

a. Hat Ihr Freund mit Ihnen zusammengearbeitet? **b.** Hat dein Sohn in der Küche geholfen? **c.** Hat Fritz endlich das Buch zurückgebracht? **d.** Haben die Kinder am Sonntag ihre Hausaufgaben gemacht? **e.** Ist Claudia mit ins Kino gegangen?

2. *verantwortlich, zuständig für – dafür*

> Sind Sie für die Organisation verantwortlich? – Nein, dafür war ich früher mal zuständig.

a. Ist die Frau heute noch allein für den Haushalt verantwortlich? **b.** Wer ist denn hier für die Planung verantwortlich, sind Sie das? **c.** Kann Herr Schneider mir Auskunft über die Datenbank geben? **d.** Sind wir in dieser Abteilung denn auch für die Werbung verantwortlich?

3.

> Kinder müssen in einer Weise helfen, die ihren körperlichen und geistigen Kräften entspricht. – Kinder müssen in einer ihren körperlichen und geistigen Kräften entsprechenden Weise helfen.

a. Jeder sollte einen Arbeitsplatz haben, der seiner Ausbildung entspricht. **b.** Niemand sollte eine Tätigkeit ausüben, die seiner Überzeugung widerspricht. **c.** Natürlich möchte ich ein Leben führen, das meinen Grundsätzen entspricht. **d.** Ich habe noch keine Wohnung gefunden, die meinen Wünschen entspricht.

4. *gegenüber*

Sehen Sie die Post? Die Apotheke ist gegenüber.

Ich habe mich meinen Eltern gegenüber verpflichtet, mein Studium so schnell wie möglich zu beenden.

Jeder Bürger hat Verpflichtungen gegenüber dem Staat und der Gesellschaft.

Wem gegenüber besteht denn diese Verpflichtung?

5. *bestätigen*

Der Bundesgerichtshof bestätigt das Urteil.

Die These wurde durch wissenschaftliche Untersuchungen bestätigt.

Ich kann bestätigen, daß er gestern bis zehn Uhr gearbeitet hat.

Hiermit wird bestätigt, daß Fräulein Schüler zwei Jahre lang in unserer Exportabteilung gearbeitet hat.

Wenn Sie krank sind, müssen Sie sich das vom Arzt bestätigen lassen.

6.

> Das Gericht stellte fest: Der Sohn hat dieselben Pflichten wie die Tochter. –
> Das Gericht stellte fest, der Sohn habe dieselben Pflichten wie die Tochter.

a. Der Richter sagte: Die Tochter ist verpflichtet, jeden Tag eine Stunde im Haushalt zu helfen. **b.** Die Eltern meinten: Alle Kinder müssen uns zur Hand gehen. **c.** Der Polizist sagte: Beide Wagen sind zu schnell gefahren. **d.** In dem Urteil stand: Die elterliche Wohnung ist kein kostenloses Hotel. **e.** Die Richter bestimmten: Die Versicherung hat zu bezahlen.

7. *dürfte(n)*

Soviel dürften die Eltern gar nicht erwarten. (= Es wird angenommen, daß sie weniger erwarten.)

Ihre Reise dürfte ziemlich teuer gewesen sein. (= Ich nehme an, daß sie ziemlich teuer war. Ihre Reise muß ziemlich teuer gewesen sein.)

Von München nach Hamburg, das dürften fast tausend Kilometer sein.

Jetzt dürften die Kinder aber endlich nach Hause kommen. (= Wir warten schon lange auf sie, sie sollten eigentlich schon lange zu Hause sein.)

Das dürfte nicht ganz stimmen. (= Ich weiß ziemlich genau, daß das nicht stimmt.)

Das Schnitzel

Ein Mensch, der sich ein Schnitzel briet,
bemerkte, daß ihm das mißriet.
Jedoch, da er es selbst gebraten,
tut er, als wär es ihm geraten,
und, um sich nicht zu strafen Lügen,
ißt er's mit herzlichem Vergnügen.

Eugen Roth

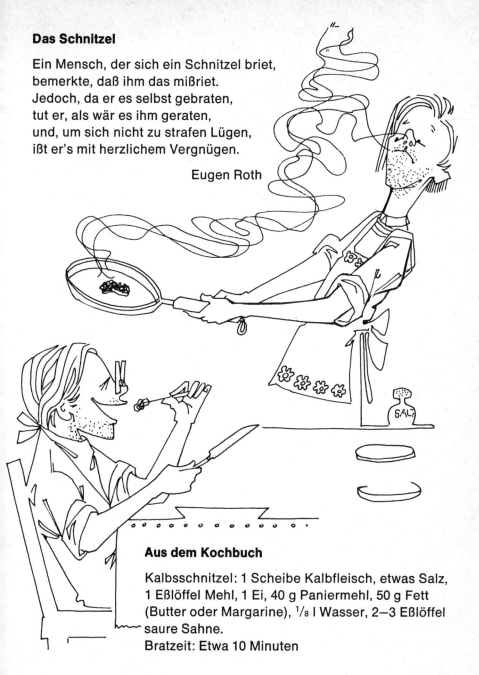

Aus dem Kochbuch

Kalbsschnitzel: 1 Scheibe Kalbfleisch, etwas Salz,
1 Eßlöffel Mehl, 1 Ei, 40 g Paniermehl, 50 g Fett
(Butter oder Margarine), $\frac{1}{8}$ l Wasser, 2–3 Eßlöffel
saure Sahne.
Bratzeit: Etwa 10 Minuten

Das erste Telefon

Erfinder

Komponisten, Maler, Wissenschaftler, Künstler und Erfinder teilen oft dasselbe Schicksal: ihr Werk wird von ihren Zeitgenossen nicht anerkannt, sie werden verspottet und verlacht und sterben nicht selten in bitterer Armut.

Frankfurt, 4. Juli 1863. Vor dem „Physikalischen Verein" führt der Lehrer Philipp Reis das erste Telefon vor, an dem er jahrelang gebaut hat. Es ist eine merkwürdige Konstruktion aus Holz und Draht, aber es funktioniert. Auch Kaiser Franz Joseph I. von Österreich und König Max von Bayern, zufällig zu Besuch in Frankfurt, sehen sich den Apparat an – und amüsieren sich darüber. Ähnlich wie die Monarchen denken die anderen Zeitgenossen über das Telefon: keiner will es haben, keiner will sein Geld für die Produktion dieses „Spielzeugs" riskieren. Philipp Reis zieht sich krank und verbittert zurück. 1874 stirbt er, gerade vierzig Jahre alt.

Nur wenige Jahre nach seinem Tode setzt sich das Telefon durch, aber nicht in Deutschland, sondern zuerst in Amerika, wo Alexander Graham Bell die Erfindung von Reis verbessert hatte.

Düsseldorf, 18. Mai 1904. Auf einer Rheinbrücke drängen sich die Menschen. Was gibt's zu sehen? Ein junger Mann, der Ingenieur Christian Hülsmeyer, hantiert mit zwei Holzkästen, aus denen lange Metallstäbe ragen. Ein Raddampfer fährt auf die Brücke zu. Hülsmeyer arbeitet aufgeregt an dem einen

Kasten, er sendet damit elektromagnetische Wellen aus, die von den Aufbauten des Dampfers reflektiert und von dem zweiten Kasten empfangen werden. Eine Glocke ertönt und verstummt, als sich der Dampfer entfernt. Das erste Radargerät funktioniert.

Hülsmeyers Erfindung wird patentiert, er bietet sie der Marine und deutschen Schiffsreedern an. Niemand interessiert sich für die „Spielerei". Erst dreißig Jahre später beginnt die Marine erneut mit Radarversuchen. Heute ist der Verkehr auf See und in der Luft ohne Radargeräte nicht mehr denkbar. Ob Christian Hülsmeyer diesen Triumph noch genießen durfte, ist nicht bekannt. Niemand weiß, was aus ihm geworden ist.

Fluglotsen am Radarschirm ▶

Ein Bildtelefon ▶

1. dasselbe Schicksal teilen: dasselbe Schicksal haben.

2. Physikalischer Verein: eine Gemeinschaft von Physikern, die sich regelmäßig treffen und Probleme ihrer Wissenschaft diskutieren.

3. Kaiser Franz Joseph I. von Österreich und König Max von Bayern: Die Monarchie wurde in Deutschland und Österreich erst 1918, nach dem Ersten Weltkrieg, abgeschafft.

4. denken über: darüber denken. Ähnlich wie die Zeitgenossen denken die Monarchen über das Telefon. = Die Monarchen denken ähnlich darüber wie die Zeitgenossen. (Sie haben dieselbe Meinung darüber.)

5. sich durchsetzen: Das Telefon setzte sich durch; etwas durchsetzen: Er setzte seine Meinung durch.

6. patentieren: zum Patent erklären. Das Deutsche Patentamt ist in München. Hier soll auch ein Europäisches Patentamt gebaut werden. D.B.P.: Deutsches Bundespatent.

Aufgaben

a. Die beiden Berichte über Philipp Reis und Christian Hülsmeyer haben die Form der Reportage. Woran erkennt man das?

b. Erzählen Sie die beiden Geschichten noch einmal, aber beginnen Sie:
Im Jahre 1863 führte der Lehrer Philipp Reis das erste Telefon vor ...
Im Mai des Jahres 1904 drängten sich auf der Rheinbrücke die Menschen ...

c. Sie sind der Ingenieur Christian Hülsmeyer und erklären den neugierigen Menschen Ihr Radargerät. Beginnen Sie: „ Sehen Sie, meine Damen und Herren, hier habe ich zwei Kästen. Mit dem einen ...“

d. Würde sich in Ihrem Leben etwas ändern, wenn es kein Telefon gäbe? Überlegen Sie einmal, mit wem Sie die letzten fünf Telefongespräche geführt haben. Waren sie wichtig?

e. Was haben die Menschen eigentlich gemacht, als es noch kein Telefon gab? (Oder: Wann haben Sie zum letzten Mal einen langen Brief geschrieben?)

1. *anerkennen*

Das Werk wurde nicht anerkannt.
Viele Künstler sind erst nach ihrem Tode anerkannt worden.

Die Versicherung erkennt die Ansprüche an.
Eine gute Arbeit, das müssen Sie doch anerkennen!

2. *ähnlich denken – jemand ähnlich sehen – so ähnlich aussehen*

> Ähnlich wie die Monarchen dachten auch die Zeitgenossen.
> Ich denke ähnlich wie du.
>
> Seine Tochter sieht ihm ähnlich. Sie sieht ihrem Vater ähnlich.
> Das sieht dir ähnlich! (Sowas kannst auch nur du sagen! Das habe ich
> von dir nicht anders erwartet!)
>
> Mannheim sieht so ähnlich aus wie Washington. Ähnlich wie in Wash-
> ington gibt es in Mannheim keine Straßennamen, sondern nur Bezeich-
> nungen aus Buchstaben und Zahlen, z. B. N 5.

a. Sie sehen aber … Vater ähnlich! **b.** … Mutter sieht er aber gar nicht ähnlich. **c.** Sieht Santiago nicht … … … wie Innsbruck? **d.** Wer hat das gesagt?
Manfred? Das sieht … ähnlich!

3. *nur – erst*

> Nur wenige Jahre später setzte sich das Telefon durch.
> Erst viele Jahre nach seinem Tode wurde sein Werk anerkannt.

a. … nach vielen Jahren interessierte sich jemand für die Erfindung.
b. … kurze Zeit später konnte man schon Telefone kaufen. **c.** Wir kommen
gern zu Ihnen, aber ich möchte … meine Frau fragen. **d.** Für dieses Buch
brauchte er … wenige Wochen. **e.** Ein Kind, das … sechs Monate alt ist,
kann doch nicht laufen!

4. Was gibt's zu sehen?
Was gab's zu hören?
Gibt's was Neues?
Gibt's hier ein Telefon?

5.

> Ein junger Mann, der Ingenieur Christian Hülsmeyer, hat eine Erfindung gemacht. – Die Erfindung eines jungen Mannes, des Ingenieurs Christian Hülsmeyer.

a. Ein Frankfurter Physiker, der Lehrer Philipp Reis, hat ein Telefon gebaut. **b.** Ein junger Deutscher, der Komponist Ludwig van Beethoven, gab in Wien sein erstes Konzert. **c.** Ein österreichischer Monarch, der Kaiser Franz Joseph, war zufällig in Frankfurt zu Besuch.

6. *anbieten – bieten*

> Er bot seine Erfindung der Marine an.
> Ihm wurde eine gute Stelle angeboten.
> Was darf ich Ihnen anbieten?
> Was (wieviel) bietet denn der Produzent? (Wieviel bezahlt er?)
> Was wurde denn geboten? (Was gab es zu sehen, zu essen usw.?)
> Natürlich kann eine Kleinstadt kein Sinfonieorchester bieten.
> (d.h.: Sie hat natürlich keins.)

a. Darf ich Ihnen eine Zigarette …? **b.** Nach dem Klavierkonzert wurde noch eine Sinfonie … **c.** Eine Stadt wie Hamburg oder München … natürlich alles. **d.** Diese Wohnung ist mir schon mal … worden. **e.** Wem haben Sie Ihre Erfindung denn …?

7. *ob*

> Durfte er seinen Triumph noch genießen? Das ist nicht bekannt. – Ob er seinen Triumph noch genießen durfte, ist nicht bekannt. (Es ist nicht bekannt, ob er seinen Triumph noch genießen durfte.)

a. Konnte er das erste Telefon noch benutzen? Das weiß niemand. **b.** Hat er das neue Radargerät noch gesehen? Das ist nicht sicher. **c.** Konnte er sein eigenes Werk noch hören? Das weiß man nicht. **d.** Interessierte sich jemand für die Spielerei? Das hat der Reporter nicht gesagt. **e.** Werden die Telefone in Zukunft billiger? Das weiß nur die Bundespost.

Aus dem Telefonbuch

Wichtige Amtsnummern

Fernsprechauskunft Inland . . 1 18
Ausland . . 0 01 18
Fernvermittlungsstelle (Fernamt)
Inland 0 10
Ausland 00 10
Gespräche mit Fernsprech-
anschlüssen in Fahrzeugen . . 0 10

Selbstwählferndienst
Wählmöglichkeiten siehe Verzeichnis
der Ortsnetzkennzahlen Seite 5
Störungsannahme
Fernsprecheinrichtungen 1 17
Fernschreibeinrichtungen 11 17
Ton- und Fernsehrundfunk 39 73 11
n. Dienstschluß 1 17
Telegrammaufnahme 1 13
Weitere Dienststellen
s. „Post"

Fernsprechansagedienste

Börsennachrichten 11 68
Fahrplanhinweise
Wichtigste Zugverbindungen in Richtung
Hannover, Hamburg, Bremen, Berlin,
Skandinavien 1 15 31
Österreich, Südosteuropa 1 15 32
Tirol, Italien, Schweiz 1 15 33
Frankfurt, Bonn, Köln, Dortmund, Paris,
Holland, Belgien 1 15 34
Fernsehprogramme 11 59
Fernsprechnachrichtendienst 11 65
Fußballtoto 11 61
Kabarett, Varieté und sonstige Veranstaltungen 1 15 17
Kinoprogramme
Stadtmitte Anfangsbuchstaben A–K 1 15 11
Anfangsbuchstaben L–Z 1 15 12
Rechts der Isar 1 15 13
Nord-West 1 15 14
Süd-West 1 15 15
Küchenrezepte 11 67
Pferdetoto und Rennsportergebnisse 11 63
Reisevorschläge 11 54
Reisewettervorhersage, ... 11 60
im Winter Wintersport-Wettervorhersage
Sonderveranstaltungen, Ausstellungen und Messen . . . 11 58
Sportnachrichten 11 52
Stellenangebote der Arbeitsämter 1 15 19
Straßenzustandsberichte (nur im Winter) 11 69
Theater- und Konzertveranstaltungen 1 15 16
Wettervorhersage 11 64
Zahlenlotto 11 62
Zeitansage 1 19

Seit dem 1. Mai 1974 gibt es in der Bundesrepublik einen sogenannten „Punkte-Katalog für Verkehrsdelikte". Kraftfahrer, die die Bestimmungen der Straßenverkehrsordnung nicht beachten, bekommen je nach Schwere des Delikts bis zu sieben Strafpunkte.

Diese Strafpunkte werden dem Kraftfahrtbundesamt in Flensburg gemeldet. Wer vierzehn Strafpunkte „gesammelt" hat, wird mit Führerscheinentzug für ein halbes Jahr bestraft. Falsches Parken beispielsweise kostet einen Strafpunkt, Parken auf Autobahnen zwei Punkte, Überschreiten der zulässigen Höchstgeschwindigkeit um mehr als 25 km/st drei Punkte, um mehr als 50 km/st vier Punkte.

Hier ist ein Auszug aus dem Punkte-Katalog:

> **3 Punkte**
>
> **Führen oder Anordnen oder Zulassen des Führens eines Kraftomnibusses, einer Kraftdroschke, eines Mietwagens, eines Krankenkraftwagens oder eines Omnibusanhängers ohne die vorgeschriebene Erlaubnis zur Fahrgastbeförderung.**

Was heißt das in normalem Deutsch? Zunächst einmal muß man wissen, daß „Kraftdroschke" auch heute noch der offizielle Ausdruck für „Taxi"

Carl Benz am Steuer seines Dreiradwagens, 1887

ist. (Er stammt aus der Zeit, als die Pferdedroschke durch die Droschke mit Motor ersetzt wurde.)

Der Text bedeutet also:
3 Strafpunkte erhält (oder: mit drei Punkten wird bestraft), wer einen Bus, ein Taxi, einen Mietwagen, einen Krankenwagen oder einen Busanhänger führt, ohne den dafür vorgeschriebenen Führerschein zu haben,
oder wer anordnet oder zuläßt, daß jemand diese Fahrzeuge ohne den vorgeschriebenen Führerschein führt.

Noch einfacher:
Wenn Sie keinen Omnibusführerschein haben und trotzdem einen Omnibus fahren (offiziell heißt das „führen"), dann werden Sie mit drei Punkten bestraft. Wenn Sie anordnen oder auch nur zulassen, daß jemand ein Taxi fährt, der keinen Taxiführerschein hat, dann werden Sie ebenfalls bestraft. Übrigens: auch als Deutscher muß man Texte im Amtsdeutsch oft zweimal lesen, bevor man sie versteht.

1. Katalog: eine Liste (auch die Warenliste der Kaufhäuser und Versandhäuser).

2. Straßenverkehrsordnung: die Gesetze über den Verkehr (StVO).

3. Droschke: Pferdedroschken konnte man früher genauso mieten wie heute Taxis. Auch die Kutsche ist ein Pferdewagen. Der Ausdruck wird heute noch im Spaß für ein altes Auto gebraucht.

4. Mietwagen: Auto mit Fahrer, das man für längere Strecken oder längere Zeit mietet. Mietwagen muß man telefonisch bestellen.

5. Fahrgast: Wer ein öffentliches Verkehrsmittel benutzt und dafür bezahlen muß, heißt offiziell Fahrgast.

6. Fahrerlaubnis: Der Führerschein heißt offiziell Fahrerlaubnis. Für jedes öffentliche Verkehrsmittel braucht man eine besondere Fahrerlaubnis.

Zur Diskussion

a. Gibt es auch in Ihrer Muttersprache Bestimmungen und Gesetzestexte, die nicht jeder versteht? Warum ist das so? Denken Sie daran, daß ein Gesetzestext genau sein muß!

b. In vielen Ländern wird immer wieder über die zulässigen Höchstgeschwindigkeiten diskutiert. Besonders bei Jugendlichen gilt Schnellfahren als schick. Aber gerade die jugendlichen Fahrer verursachen die meisten Unfälle. Manche Leute möchten deshalb Höchstgeschwindigkeiten je nach Alter des Fahrers einführen.

Aufgabe

Ein deutscher Freund fragt Sie nach den wichtigsten Bestimmungen der Straßenverkehrsordnung Ihres Landes. Er möchte gern wissen,

wann man bei Ihnen den Führerschein machen kann,

ob es einen Punkte-Katalog für Verkehrsdelikte gibt,

ob es Geldstrafen für falsches Parken gibt,

ob die Polizei Wagen abschleppt, die falsch geparkt sind,

welche Höchstgeschwindigkeiten es bei Ihnen in den Städten und auf den Landstraßen gibt,

72

ob man einen besonderen Führerschein braucht, wenn man Taxifahrer werden will.

Was antworten Sie?

1. *je – je nach – je nachdem*

Die Fahrt war nicht teuer. Zehn Mark je Person. (= Für jede Person DM 10,—. Häufiger: Zehn Mark pro Person.)
Die Miete beträgt DM 6,— je (pro) Quadratmeter.
Die Miete ist verschieden je nach Größe der Wohnung.
Je nach Schwere des Delikts gibt es bis zu sieben Strafpunkte.
Ziehen Sie jetzt um? Das weiß ich noch nicht. Je nachdem, wie hoch die Miete ist. (Das kommt darauf an, wie hoch die Miete ist. Je nachdem, ob ich sie bezahlen kann oder nicht.)

2. *melden – sich melden*

> Die Strafpunkte werden dem Kraftfahrtbundesamt gemeldet.
> Unfälle sind sofort der Polizei zu melden.
> Der ADAC (Allgemeiner Deutscher Automobilclub) meldet starken Verkehr auf allen Autobahnen.
> Ich habe angerufen, aber *es hat sich* niemand *gemeldet*.
> Jetzt wohnt er schon so lange hier. Er könnte *sich* ja auch mal *melden*.
> *Melden* Sie *sich beim* Einwohnermeldeamt.
> *Melden* Sie *sich* doch *bei* mir, wenn Sie mal in München sind. (Rufen Sie mich an oder besuchen Sie mich, wenn Sie hier sind.)

a. Sie sollen sich sofort ... Chef ... **b.** Hans ist wohl noch nicht hier, sonst hätte er ... schon ... **c.** Bis 18 Uhr sind der Polizei mehr als zwanzig Unfälle ... ... **d.** Sie werden gebeten, sich sofort bei Herrn Hansen ... ... **e.** ... du dich bitte sofort bei mir, wenn du ankommst?

3. *in*

in normalem Deutsch   in offizieller Sprache   in offiziellem Auftrag
in schlechtem Englisch   in großer Gefahr

4.

> Wie sprach er denn? Normales Deutsch? – Ja, er sagte alles in normalem Deutsch.

a. Spricht er immer noch so schlechtes Englisch? **b.** Wie macht er das eigentlich? Hat er einen offiziellen Auftrag? **c.** Das war doch eine große Gefahr für sie? **d.** Früher hatte er immer die modernste Kleidung. Erscheint er heute auch noch so? **e.** Früher machten sich die Eltern große Sorgen, wenn die Kinder mal spät nach Hause kamen. Ist das immer noch so? – Natürlich, man ist immer ...

5. *bevor – vor*

> Bevor es Autos gab, konnte man sich Pferdedroschken mieten.
> Rufen Sie mich an, bevor Sie abreisen.
> Das müssen Sie dreimal lesen, bevor Sie wissen, was gemeint ist.
> Claudia war meine Freundin, lange bevor ich dich kannte.
>
> Vor hundert Jahren, als es noch keine Autos gab, mietete man sich Pferdedroschken.
> Wie lange ist es her, daß Sie ihn gesehen haben? Das war vor vierzehn Tagen.
> Vor nächster Woche können wir Ihren Wagen leider nicht reparieren.
> Wann soll ich kommen? Bitte nicht vor dem 15.

a. Schreiben Sie mir noch mal, ... Sie ins Ausland fahren? **b.** Leider habe ich ... dem Wochenende überhaupt keine Zeit mehr. **c.** Ach, das war lange ... Ihrer Zeit! **d.** ... ich dich kennenlernte, hatte ich überhaupt keine Freundin. **e.** Können Sie ... zehn Uhr kommen?

Du, seit gestern läuft der neue Krimi, den sie hier bei uns im
Viertel gedreht haben. Der ist bestimmt spannend. Gehen wir hin?
Gute Idee. Wo läuft er denn?
Ich weiß nicht, ich glaube im Bali.
Ruf doch mal an und bestell Karten.
Du, das gibt's doch nicht. Hier stehen ja überhaupt keine Kinos
im Telefonbuch.
Natürlich stehen die drin. Aber ruf doch die Auskunft an, bevor
du lange rumsuchst. Eins-eins-acht.
Auskunft, Platz sieben.
Bitte, unter was stehen denn die Kinos im Telefonbuch?
Kinos? Unter „Filmtheater".
Ach so. Vielen Dank. Mensch, das muß man wissen.

Zwei Polizisten finden einen bewußtlosen Mann auf dem Bürgersteig vor dem Gymnasium. Sie rufen einen Krankenwagen. Dann
will der eine ein Protokoll aufnehmen.
Du, sag mal, kannst du „Gymnasium" buchstabieren?
Was? Nee! Aber warte mal; da drüben ist die Post.
Schreib: Dienstag, 3. 7., 17 Uhr 45, bewußtlosen Mann schräg
gegenüber von der Post gefunden.

Wer baute das siebentorige Theben?
In den Büchern stehen die Namen von Königen.
Haben die Könige die Felsbrocken herbeigeschleppt?
Und das mehrmals zerstörte Babylon –
Wer baute es so viele Male auf? In welchen Häusern
Des goldstrahlenden Lima wohnten die Bauleute?
Wohin gingen an dem Abend, wo die Chinesische Mauer
Fertig war,
Die Maurer? Das große Rom
Ist voll von Triumphbögen. Wer errichtete sie? Über wen
Triumphierten die Cäsaren? Hatte das vielbesungene Byzanz
Nur Paläste für seine Bewohner? Selbst in dem sagenhaften
Atlantis
Brüllten in der Nacht, wo das Meer es verschlang,
Die Ersaufenden nach ihren Sklaven.
Der junge Alexander eroberte Indien.
Er allein?
Hatte er nicht wenigstens einen Koch bei sich?
Philipp von Spanien weinte, als seine Flotte
Untergegangen war. Weinte sonst niemand?
Friedrich der Zweite siegte im Siebenjährigen Krieg.
Wer siegte außer ihm?
Jede Seite ein Sieg.
Wer kochte den Siegesschmaus?
Alle zehn Jahre ein großer Mann.
Wer bezahlte die Spesen?
So viele Berichte.
So viele Fragen.

Bert Brecht

Albrecht Altdorfer (um 1480 bis 1538): Die Alexanderschlacht

1. Bert Brecht (1898–1956): deutscher Dichter (u.a. *Die Dreigroschenoper*, 1929).

2. Theben: Stadt in Griechenland, heute ca. 13 000 Einwohner.

3. Babylon: frühere Hauptstadt des Landes an Euphrat und Tigris (um 1700 vor Chr.).

4. Cäsaren: die römischen Kaiser.

5. Byzanz: das heutige Istanbul.

6. Atlantis: sagenhafter Erdteil, der im Meer verschwunden sein soll.

7. Alexander: Alexander der Große (356–323 vor Chr.), König von Mazedonien, Gründer eines Weltreiches, das nach seinem Tode wieder verfiel.

8. Philipp von Spanien: Philipp II. (1555–1598). Seine Flotte (die „Armada") wurde 1588 von den Engländern vernichtet.

9. Friedrich II.: Friedrich der Große, König von Preußen (1712–1786), gewann den Siebenjährigen Krieg gegen Österreich, Rußland und Frankreich.

Zur Diskussion

a. Wie sehen in Ihrem Lande die Geschichtsbücher aus? Stehen darin auch nur die Namen von großen Männern?
b. Finden Sie Geschichte interessant oder langweilig? Warum?
c. Halten Sie es für richtig, daß man in der Schule Jahreszahlen auswendig lernen muß? Was ist in der Geschichte am wichtigsten?
d. Der Historiker Golo Mann (Sohn des Dichters Thomas Mann, 1875–1955) schrieb einmal, die *Fragen eines lesenden Arbeiters* seien „saudumm, wenn auch hübsch formuliert". Finden Sie das auch?

Aufgabe

Fassen Sie den Inhalt des Gedichts zusammen. Was will Brecht damit sagen?

78

1. *her (herbei) – hin – weg*

> Ich kann Ihren Wagen leider nicht holen, den müssen Sie *herbringen.*
> Wer *schleppte* die Felsbrocken *herbei*? (schleppen: etwas Schweres tragen)
> *Haben* Sie den schweren Koffer allein *hergeschleppt*?
> Kannst du heute die Kinder zur Schule bringen? Morgen *bringe* ich sie dann *hin.*
> Jetzt *hat* der Hund schon wieder meine Schuhe *weggeschleppt!*
> Meine Eltern sind nicht mehr hier, die *haben* wir eben *weggebracht.*

a. Ihr Wagen ist wieder hier, den hat gerade jemand *her*-gebracht. **b.** Nehmen Sie doch bitte ein Taxi zum Bahnhof, ich kann Sie jetzt nicht *hin*-fahren. **c.** Wenn Sie zum Flughafen wollen, warten Sie doch einen Augenblick, ich bringe Sie *hin* ... **d.** Ich bin sofort wieder da, ich bringe nur die Post *weg* ... **e.** Ich weiß, daß Ihr Computer kaputt ist, wir haben schon jemand *weg*-geschickt.

2. *welch–*

a. In ...*em* Haus wohnen Sie? **b.** An ...*en* Universitäten haben Sie studiert? **c.** Mit ...*er* Maschine sind Sie gekommen? **d.** Bei ...*er* Gelegenheit haben Sie sich kennengelernt? **e.** ...*e* Schallplatten lieben Sie besonders? **f.** In ...*en* Angelegenheit möchten Sie Frau Schulz sprechen? **g.** Durch ...*e* Städte sind Sie gefahren? **h.** Mit ...*em* Bus sind Sie gekommen? **i.** ...*es* Buch möchten Sie lesen?

3. *wo = als = an dem, in dem, in der*

An dem Abend, wo die Chinesische Mauer fertig war ...
(An dem Abend, als ...; An dem Abend, an dem ...)

An dem Wochenende, wo ich verreist war ...
In dem halben Jahr, wo ich in England war ...
In der Zeit, wo ich studiert habe ...

4. *ersaufen* – *die Ersaufenden* [to drown] [the drowning]

(meistens sagt man das bei Tieren)
Menschen: trinken – ertrinken; Tiere: saufen – ersaufen. „Saufen" bedeutet auch: sehr viel Alkohol trinken.

ertrinken, die ertrinkenden Bewohner – die Ertrinkenden
(aber: der Ertrunkene, die Ertrunkenen)

sterben – die sterbenden Sklaven – die Sterbenden

5. *bei sich haben (*auch: *dabei haben)*

> Hatte er nicht wenigstens einen Koch bei sich?
> (Hatte er nicht wenigstens einen Koch dabei?)
>
> Wieviel Geld hast du bei dir?
> Ich habe überhaupt nichts bei mir.

a. Das junge Mädchen hatte einen kleinen Hund ... ... **b.** Habt ihr die
Eintrittskarten ... ...? **c.** Wir wären gern noch geblieben, aber wir hatten
die kleinen Kinder ... ..., die ins Bett mußten. **d.** Haben Sie Ihren Führerschein ... ...? **e.** Sie hatten ein paar ausländische Freunde ... ... **f.** Hast du
den Stadtplan ... ...? **g.** Ich habe keinen Pfennig ... ... **h.** Wir haben immer
ein kleines Radio ... ...

6. *außer*

> Wer siegte außer ihm? (d.h.: War außer ihm niemand dabei? Siegte er
> ganz allein?)
> Wer war außer Ihnen noch auf der Party?
> Haben Sie außer uns noch andere Bekannte in der Stadt?
> Was gibt es denn außer dem Krimi sonst noch im Fernsehen?
> Haben Sie außer der Handtasche sonst noch Gepäck?

a. Was gibt es denn außer ... Museum sonst noch zu sehen? **b.** Haben Sie
außer ... Schnitzel noch was anderes? **c.** Er war doch sicher nicht allein.
Wer war außer ... noch da? **d.** Sie sind tatsächlich meine einzigen Bekannten
hier. Außer ... kenne ich niemand in der Stadt. **e.** Gisela kommt ganz bestimmt und außer ... vielleicht noch Marion. **f.** Außer ... U-Bahn gibt
es hier keine anderen Verkehrsmittel. **g.** Außer ... alten Zeitungen habe
ich nichts zu lesen. **h.** Ich komme gern. Wen hast du außer ... noch einge-
laden?

80

Allgemeine Erklärung der Menschenrechte, verkündet von der Generalversammlung der Vereinten Nationen am 10. Dezember 1948.

Artikel 1

Alle Menschen sind frei und gleich an Würde und Rechten geboren. Sie sind mit Vernunft und Gewissen begabt und sollen einander im Geiste der Brüderlichkeit begegnen.

Artikel 23

1. Jeder Mensch hat das Recht auf Arbeit, auf freie Berufswahl, auf angemessene und befriedigende Arbeitsbedingungen sowie auf Schutz gegen Arbeitslosigkeit.

2. Alle Menschen haben ohne jede unterschiedliche Behandlung das Recht auf gleichen Lohn für gleiche Arbeit.

3. Jeder Mensch, der arbeitet, hat das Recht auf angemessene und befriedigende Entlohnung, die ihm und seiner Familie eine der menschlichen Würde entsprechende Existenz sichert und die, wenn nötig, durch andere soziale Schutzmaßnahmen zu ergänzen ist.

Sittliche Würde

Mache dich nicht zum Sklaven der Menschen!
Dulde nicht, daß deine Rechte ungestraft mit Füßen getreten werden!
Mache keine Schulden, für die du keine völlige Sicherheit bieten kannst!

Immanuel Kant

Artikel 3 des Grundgesetzes der Bundesrepublik Deutschland

1. Alle Menschen sind vor dem Gesetz gleich.
2. Männer und Frauen sind gleichberechtigt.
3. Niemand darf wegen seines Geschlechts, seiner Abstammung, seiner Rasse, seiner Sprache, seiner Heimat und Herkunft, seines Glaubens, seiner religiösen oder politischen Anschauungen benachteiligt oder bevorzugt werden.

Kein Neugieriger, kein Freund, kein Angehöriger, nicht einmal seine Witwe stand am Grabe, als Wolfgang Amadeus Mozart am 6. Dezember 1791 in Wien beerdigt wurde. Joseph Haydn, der einzige Zeitgenosse, der Mozarts Genie voll erkannte, war in London, Ludwig van Beethoven lebte noch

Die Zauberflöte

nicht in Wien. Mozart erhielt ein „Begräbnis dritter Klasse", das billigste, das es gab. Ein paar Freunde umstanden den Sarg bei der Einsegnung unter freiem Himmel. Sie gingen jedoch sofort wieder, und bei der eigentlichen Beisetzung in einem Reihengrab war außer den Totengräbern niemand dabei. Die Stelle, an der Mozart begraben wurde, ist deshalb bis heute unbekannt. Mozart, das Wunderkind, der Schöpfer der ersten deutschen Oper, *Die Zauberflöte*, starb im Alter von 35 Jahren. Er hinterließ ein Barvermögen von 200 Gulden. Seine dürftige Wohnungseinrichtung hatte einen Wert von etwa 400 Gulden – seine Schulden betrugen 3000 Gulden.

Am 29. März 1827 drängten sich auf dem Platz vor der Wohnung Ludwig van Beethovens mehr als zwanzigtausend Menschen, um dem toten Meister das letzte Geleit zu geben. Alle, die in der bunten künstlerischen und literarischen Welt Wiens einen Namen hatten, nahmen teil, Musiker und Komponisten, Sänger, Schauspieler und Dichter, Fürsten, Grafen und Damen der Gesellschaft, von denen nicht wenige Beethovens Schüler gewesen waren. Unter den 36 Fackelträgern, die den Trauerzug begleiteten, war auch ein junger erfolgloser Komponist, der, genauso arm wie Mozart, nur ein Jahr später in unmittelbarer Nähe von Beethovens Grab bestattet wurde: Franz Schubert. Beethoven hatte einige Kompositionen Schuberts gekannt und sich anerkennend darüber geäußert, aber die beiden Großen der Musik waren sich nie begegnet.

Als Beethoven starb, lag sein letztes öffentliches Auftreten als Pianist schon dreizehn Jahre zurück. Seit 1822 konnte er wegen seiner Taubheit auch nicht mehr dirigieren und mußte sich mit seiner Umwelt schriftlich verständigen. Auch Beethovens Leben war nie ganz frei von materiellen Sorgen. Noch bei der Versteigerung seines Nachlasses wurde die eigenhändige Partitur der *Pastoralsymphonie* für ganze sechs Gulden verkauft.

Beethovens Leichenzug, 1827

1. Joseph Haydn (1732–1809) schrieb unter anderem 104 Symphonien, 83 Streichquartette, 52 Klaviersonaten und 24 Opern.

2. Ludwig van Beethoven (1770–1827) wurde in Bonn geboren und lebte ab 1792 in Wien.

3. *Die Zauberflöte* wurde 1791 uraufgeführt. Mozart schrieb insgesamt 10 Opern, 45 Symphonien, 23 Klaviersonaten, 40 Sonaten für Geige und Klavier, 5 Violinkonzerte, Klavierkonzerte, Kammermusik usw.

4. Ein Gulden war damals soviel wert wie heute etwa 20 bis 30 DM (Deutsche Mark).

5. Franz Schubert (1797–1828) schrieb unter anderem 8 Symphonien, 15 Streichquartette und über 600 Lieder, zum Teil nach Gedichten von Goethe.

6. Die *Pastoralsymphonie* (geschrieben 1808) ist die sechste von Beethovens neun Symphonien. Neben seiner Kammermusik sind vor allem die 5 Klavierkonzerte, das Violinkonzert, die 32 Klaviersonaten und die Oper *Fidelio* bekannt.

Zur Diskussion

a. Viele große Komponisten wurden von ihren Zeitgenossen nicht anerkannt und von den Kritikern verspottet. Als Richard Wagners (1813–1883) Oper *Die Meistersinger von Nürnberg* im Jahre 1870 in Berlin aufgeführt wurde, war es ein großer Mißerfolg. „Eine grauenvolle Katzenmusik …" schrieb ein Kritiker. Die Oper wurde ein Welterfolg und ist es bis heute. Aber auch Fachleute, nämlich Musiker, können sich irren.
Als der Komponist Max Bruch (1838–1920) einmal seinem großen Kollegen Johannes Brahms (1833–1897) eine Komposition zeigte, sagte Brahms: „Sagen Sie, wo beziehen Sie denn dieses wunderschöne Notenpapier?"
Glauben Sie, daß die moderne Musik, z. B. die elektronische, später auch einmal „klassisch" wird?

b. Glauben Sie, daß Künstler Kritiker brauchen?

c. Sollte man im Konzert pfeifen, wenn einem das Stück nicht gefällt?

1. *in der Nähe (von) – in unmittelbarer Nähe (von) – in meiner Nähe*

In der Nähe von Bremen hatte er ein kleines Restaurant.
Ich wohne in unmittelbarer Nähe von meinem Büro. (... in unmittelbarer
Nähe meines Büros.)
Meine Eltern wohnen ganz in meiner Nähe.

Das Rathaus ist hier ganz in der Nähe.
Er wohnt in der Nähe des Bahnhofs.

---

a. Der Flughafen ist nicht weit, der ist ganz ... ... **b.** Du kennst doch
Monika? Stell dir vor, ich wohne ganz in ... ... **c.** Sie wohnen am Markt-
platz? Nicht ganz, aber in ... ... **d.** Er hat ein kleines Haus in ... ...
Fabrik. **e.** Kommen Sie doch abends mal zu mir. Sie wohnen doch ganz
... ...

2. *kennen – erkennen – anerkennen – wiedererkennen*

Wir kennen uns schon seit vielen Jahren.
Die Bedeutung eines Kunstwerks wird oft erst nach vielen Jahren erkannt.
Goethe war schon als junger Dichter anerkannt. Seine Zeitgenossen
erkannten seine Werke an.
Klaus trägt jetzt lange Haare und einen Vollbart. Ich habe ihn kaum
wiedererkannt.
Wir haben uns doch vor vielen Jahren einmal getroffen. Erkennen Sie
mich wieder?

---

a. Schuberts Genie wurde von den Zeitgenossen nicht ... **b.** Die wenigsten
Erfinder wurden zu ihren Lebzeiten ... **c.** Ich erinnere mich sehr gut an
Sie, ich habe Sie sofort ... **d.** Natürlich, den alten Neumann habe ich gut
... **e.** ... Sie mich noch? Ich war früher oft bei Ihren Eltern. **f.** Erst die
Nachwelt ... Mozart voll ... **g.** Joseph Haydn allerdings ... sein Genie
sofort. **h.** Sie gingen aneinander vorbei, ohne sich ... ... **i.** Eine gute
Arbeit, das müssen Sie doch ...!

3. *sich äußern (über) – eine Absicht, seine Meinung äußern*

Er *hat sich über* meine Arbeit nicht gerade anerkennend *geäußert*.
Und wie *hat er sich geäußert?* Bis jetzt überhaupt noch nicht.

Sie äußerte die Absicht, bald zu heiraten.
Jeder hat das Recht der freien Meinungsäußerung.
Nun äußern Sie doch schon Ihre Meinung!

4. *sich verständigen (mit) – jemand verständigen*

Er konnte *sich* nur schriftlich *mit* seiner Umwelt *verständigen*.
Konnten Sie *sich* gut *verständigen?* Ja, meine Geschäftspartner sprechen
Deutsch.

Wenn Sie Interesse an einer Zusammenarbeit haben, *verständigen* Sie *sich*
bitte *mit* der Forschungsabteilung.
Sie können *sich* ja telefonisch *verständigen*.

Bei Arbeitsunfällen ist sofort der Betriebsrat zu *verständigen*.
Verständigen Sie *mich*, wenn Sie mich brauchen.

5. *(sich) äußern – (sich) verständigen*

a. Die Lehrer haben sich positiv ... seinen Sohn ... **b.** Ich werde ... morgen
wieder mit Ihnen ... **c.** ... Sie bitte sofort die Polizei! **d.** Dazu möchte ich
... heute noch nicht ... **e.** Warum ... du ... Meinung nicht? **f.** Davon hat
sie nichts ... **g.** ... du mich telefonisch? **h.** ... ihr euch eigentlich auch
mal anerkennend?

6. *nie (niemals) – jemals; oft – manchmal – selten*

> Sind Sie jemals einem großen Künstler begegnet? – Nein, leider noch
> niemals. (= leider noch nie)
> Haben Sie jemals so was gehört? – Nein, noch nie.

a. Haben Sie ... solch einen Unsinn gehört? **b.** Nein, wir gehen nicht ...
ins Theater. **c.** Oft fahre ich nicht ins Ausland, aber ... schon. **d.** Wie
finden Sie das, er wohnt in München und war noch ... im Deutschen
Museum! **e.** Früher hörte man jede Woche von ihm, aber heute schreibt
er nur noch ganz ... **f.** Man hält ihn heute für den größten Komponisten,
der ... gelebt hat.

Der ehemals berühmte Konzertmeister der Wiener Hofoper,
Joseph Hellmesberger, bemerkte einmal bei einem Quartettabend,
daß sich der Komödiendichter Eduard von Bauernfeld dauernd mit
seinem Nachbarn unterhielt und wiederholt lachte.
Nach dem Konzert stellte Hellmesberger den Bauernfeld zur Rede
und sagte: „Warum lachen Sie denn während meines Konzerts?
Lache ich vielleicht bei Ihren Komödien?"

Nach einem herrlichen Konzert unter dem berühmten Dirigenten
Wilhelm Furtwängler sagte der Klarinettist der Wiener Philhar-
moniker, Leopold Wlach, zu seinem Pultnachbarn:
„Und dafür wird man noch bezahlt!"

Ludwig van Beethoven
im Alter von 32 Jahren (1802)

Franz Schubert
im Alter von 16 Jahren (1813)

1945

Die Kartoffeln   15 A

Bei der Belagerung von Paris im Jahre 1870 haben sich die feindlichen
Vorposten ganz gut verstanden. Man schoß durchaus nicht immer aufeinander, o nein! Es kam zum Beispiel vor, daß man sich mit Kartoffeln
aushalf. Meistens werden es ja die Deutschen gewesen sein, die den Retter
in der Not gemacht haben. Aber einmal näherte sich ein französischer Trupp
von ein paar Mann, die Deutschen
nahmen die Gewehre hoch, da sagte
jemand auf Deutsch: „Nicht schießen!
Wir schießen auch nicht!" und man
begann sich wegen auszutauschender
Getränke zu verständigen.

Es waren sicher Familienväter, Arbeiter, Landleute, die man in einen
farbigen Rock gesteckt hatte, mit
der Weisung, auf Andersfarbige zu
schießen.

1974

Warum schossen sie nicht? Offenbar waren doch der Nationalhaß, der Zorn, der angeblich das ganze deutsche Volk auf die Beine rief, nicht mehr so groß, wie damals Unter den Linden, als es noch nicht galt, auf seine Mitmenschen zu schießen. Damals hatte mancher mitgebrüllt, weil alle brüllten, und das verpflichtete zu nichts. Aber hier waren Leute, die einen Sommer und einen Winter lang an den eigenen Leibern erfahren hatten, was das heißt: Töten, und was das heißt: Hungern. Und da verschwand der „tief eingewurzelte Haß", und man aß gemeinsam Kartoffeln... Dieselben Kartoffeln; dieselben Kapitalisten. Aber andere Röcke. Das ist der Krieg.

Kurt Tucholsky, 1913 (Text leicht gekürzt)

1. Belagerung von Paris: Anlaß des deutsch-französischen Krieges von 1870–71 war eine Meinungsverschiedenheit über die Thronfolge in Spanien. 1871 wurde das Deutsche Kaiserreich gegründet. Der preußische König wurde Deutscher Kaiser, der preußische Ministerpräsident Otto von Bismarck Reichskanzler. Das Kaiserreich dauerte nur bis 1918.

2. Meistens werden es ja die Deutschen gewesen sein …: Die Deutschen (Preußen) hatten während dieses Krieges tatsächlich mehr zu essen als die Franzosen. Die Kartoffel galt als typisch deutsches Nahrungsmittel. (In Europa wurde sie zuerst in Preußen angebaut.)

3. wegen auszutauschender Getränke: Man begann, sich über den Austausch von Getränken zu verständigen.

4. in einen farbigen Rock … Andersfarbige: Uniform der Soldaten; die andersfarbige Uniform des Gegners.

5. damals Unter den Linden: Straße in Berlin (heute Berlin-Ost, Hauptstadt der DDR), wo früher Militärparaden abgehalten wurden.

6. Kurt Tucholsky (1890–1935): Schriftsteller und Gesellschaftskritiker, erbitterter Feind der Nationalsozialisten. Die Geschichte *Die Kartoffeln* erschien 1913, ein Jahr vor Ausbruch des Ersten Weltkrieges.

Zur Diskussion

a. Goethe hat einmal gesagt: „Es ist nie daran zu denken, daß die Vernunft populär werde. Leidenschaften und Gefühle mögen populär werden, aber die Vernunft wird immer nur im Besitz einzelner Vorzüglicher (= bevorzugter Menschen) sein."
Glauben Sie, daß Tucholsky derselben Meinung war?

b. Gibt es tatsächlich so etwas wie „Nationalhaß", den Haß eines ganzen Volkes auf ein anderes?

c. dieselben Kapitalisten: Was meint Tucholsky damit?

d. Vergleichen Sie diesen Text mit dem Gedicht von Bert Brecht. Welche Gemeinsamkeiten finden Sie?

e. Können die Menschen aus der Geschichte lernen?

1. *sich verstehen (mit)*

Die feindlichen Vorposten *haben sich* ganz gut *verstanden*.
Die Völker *würden sich* schon *verstehen*, aber die Politiker tun es oft nicht.
Wir haben während des Studiums zusammen gewohnt und *haben uns* immer ausgezeichnet *verstanden*.
Mit dem neuen Kollegen *verstehe* ich *mich* überhaupt nicht.
Das wundert mich nicht, *mit* dem *versteht sich* niemand.

2.

> Glauben Sie, daß Sie sich mit Ihren neuen Nachbarn verstehen werden? –
> Warum sollte ich mich nicht mit ihnen verstehen?!

a. Ich hoffe, daß du dich gut mit meinem Bruder verstehst. **b.** Versteht ihr euch eigentlich mit euren Kollegen? **c.** Verstehen sich die Kinder gut mit ihren Lehrern? **d.** Es wundert mich, daß du dich so gut mit ihr verstehst! **e.** Wir verstehen uns eigentlich recht gut, nicht wahr?

3. *durchaus (nicht)*

Stimmt es, daß Tiere denken können? – Das ist durchaus richtig.
Das kann man durchaus sagen.

Im Kriege wurde durchaus nicht immer geschossen.
Wollen Sie etwa behaupten, daß Tiere dumm sind? – Durchaus nicht!

4. *(sich) aushelfen (mit)*

> Sie *halfen sich mit* Kartoffeln *aus*.
> Können Sie *mir mit* ein paar Mark *aushelfen*?
> Was brauchen Sie, zwanzig Pfennig? Darf ich *Ihnen aushelfen*?
> Sei so nett, *hilf mir* doch *mit* einer Flasche Rotwein *aus*.

a. Er hat schon wieder kein Geld bei ... . Können Sie ... aushelfen? **b.** Wir haben kein Bier mehr. Es wäre sehr nett, wenn du ... aushelfen könntest. **c.** Während des Krieges half man ... mit Lebensmitteln aus. **d.** Was, die Kinder haben schon wieder kein Geld mehr? Ich habe ... so oft ausgeholfen, jetzt ist aber Schluß. **e.** Tut mir leid, Michael, ich kann ... nicht mehr aushelfen.

5. *gelten – es gilt – gelten als – gelten für*

Jetzt *gilt es*, die Konkurrenz zu beobachten.
Es gilt, wachsam zu sein.

Sie *gilt als* moderne Frau.
Italiener *gelten als* besonders musikalisch.

Diese Bestimmung *gilt für* ganz Europa.
Der Punktekatalog *gilt für* alle Kraftfahrer.

Die neue Arbeitszeit *gilt* ab Januar.
Die alte Fahrkarte *gilt* nicht mehr.

Wissen Sie, daß der Chef gräßlich geflucht hat? Ja, ich weiß, das *galt mir*.
Hast du die Durchsage gehört? Ja, aber ich weiß nicht, *wem* sie *gegolten hat*.

6. *mancher = manch einer – manchen – mit manchem*

Mancher hatte sich den Krieg anders vorgestellt.
(= Manch einer ...)

Mancher wäre froh, wenn er noch einmal zur Schule gehen dürfte.

Manch einen hat das Geld schon unglücklich gemacht.
(= Viele Menschen ...)

Manchen kann man nichts recht machen.
(= Manchen Leuten ...)

Mit manchem, was gesagt wurde, (= mit manchen Dingen) war ich nicht einverstanden.

7. *mitarbeiten, –bringen, –brüllen, –geben, –gehen, –kommen, –nehmen*

a. An diesem Buch haben zwei meiner Freunde ... **b.** Einer brüllt, und alle anderen ... ... **c.** Ich fahre jetzt ins Einkaufszentrum. Soll ich Ihnen etwas ...? **d.** ... Sie das Buch meiner Tochter ..., dann brauchen Sie nicht selbst zu kommen. **e.** Wir gehen ein bißchen spazieren. ... Sie ...? **f.** ... du heute abend ... ins Schwimmbad? **g.** Vergiß nicht, deinen Paß ..., wenn du zum Flughafen fährst.

Der Kriegsinvalide (A. Paul Weber), 1939

Als der Krieg aus war, kam der Soldat
nach Haus. Aber er hatte kein Brot. Da
sah er einen, der hatte Brot. Den schlug
er tot. Du darfst doch keinen totschlagen,
sagte der Richter.
Warum nicht, fragte der Soldat.

Wolfgang Borchert (1921—1947)

Zwei Generationen als Zuhörer im Bundestag

Ein neues Gesetz **16 A**

Aus der Süddeutschen Zeitung vom 23./24. März 1974:

Parlament reformiert ein 99 Jahre altes Gesetz

Bundesbürger sind mit 18 volljährig

**Auch das Ehemündigkeitsalter wird für Mann und Frau einheitlich auf
18 Jahre festgesetzt / Beide Regelungen gelten vom 1. Januar 1975 an /
Breite Mehrheit im Bundestag, vereinzelt Bedenken bei der Opposition**

Bonn, 22. März – Der Bundestag hat am Freitag mit großer Mehrheit ein
Gesetz verabschiedet, das die Volljährigkeitsgrenze von bisher 21 auf 18
Lebensjahre herabsetzt. Auch das Ehemündigkeitsalter von Mann und
Frau wurde einheitlich auf 18 Jahre festgesetzt. Bei Zustimmung des Vor-
mundschaftsgerichts ist eine Heirat aber auch schon mit 16 Jahren möglich,

94

wenn der andere Partner volljährig ist. Die neuen Regelungen treten am 1. Januar 1975 in Kraft. Während die neue Volljährigkeitsgrenze breite Unterstützung auch bei der CDU/CSU fand, stieß die Regelung des Ehemündigkeitsalters bei der Opposition auf Bedenken und Widerstand. Sprecher aller Parteien begründeten das Gesetz mit der beschleunigten biologischen, psychologischen und sozialen Entwicklung junger Menschen und damit, daß auch im Wahlrecht und bei der Wehrpflicht die Altersgrenze von 18 Jahren existiere. Die Heraufsetzung des Ehemündigkeitsalters der Frau von derzeit 16 auf 18 Jahre nannte der CDU-Abgeordnete Anton Stark „nicht glücklich". Jährlich heirateten 30 000 Mädchen zwischen 16 und 18 Jahren. Jetzt würden gegen diese Heiraten bürokratische Hindernisse aufgebaut.

Scharfen Widerspruch gegen die neuen Volljährigkeitsregelungen legte für eine Minderheit der Opposition der CSU-Parlamentarier und ehemalige Justizminister Richard Jaeger ein, der das Gesetz „unlogisch und gefährlich" nannte. Die Rechtsstreitigkeiten in der Familie würden sich häufen, wandte er ein, und in einer Zeit des Verlustes von Autorität würden Schranken der elterlichen Einflußmöglichkeiten abgebaut.

Th. Th. Heine: Einem Freigeist
und Revolutionär wie Sie
werde ich nie meine Tochter
zur Frau geben.
(Simplicissimus 1897)

95

1. Gesetze, die vom Bundestag (dem Parlament) verabschiedet worden sind, bedürfen der Zustimmung des Bundesrates, bevor sie in Kraft treten können. Der Bundesrat ist die Vertretung der Bundesländer.

2. Opposition: (hier: im März 1974) die CDU/CSU (Christlich-Demokratische Union und Christlich-Soziale Union; die letztere gibt es nur in Bayern). Die Regierung besteht aus der Koalition von SPD und FDP (Sozialdemokratische Partei Deutschlands und Freie Demokratische Partei). Der Bundesregierung gehören 15 Minister an.

3. Vormundschaftsgericht: Gericht, das über die Rechte Minderjähriger wacht. (Vormund = gesetzlicher Vertreter eines Minderjährigen, der keine Eltern mehr hat.)

Zur Diskussion

a. Wo liegt die Volljährigkeitsgrenze in Ihrem Lande? Welche Regelung halten Sie für die beste?

b. Von welchem Alter ab dürfen in Ihrem Lande die jungen Leute ohne Zustimmung der Eltern heiraten? Ist nach Ihrer Meinung die Zustimmung der Eltern überhaupt wichtig?

c. In der Bundesrepublik kann man mit achtzehn Jahren wählen und gewählt werden (als Abgeordneter für den Bundestag). Wer Bundespräsident werden will, muß das 40. Lebensjahr vollendet haben. Kennen Sie Politiker und Staatsmänner, die sehr jung oder besonders alt waren? Was ist nach Ihrer Meinung besser?

d. Ein französischer Schriftsteller hat einmal gesagt: „Es sind die Alten, die sich Ideen in den Kopf setzen, und die Jungen müssen daran sterben." Was hat er damit gemeint, und hat er recht?

Aufgabe

Schreiben Sie alle Ausdrücke auf, die aus dem politischen Leben stammen.

1. *herabsetzen – heraufsetzen – festsetzen auf*

die Höchstgeschwindigkeit
die Volljährigkeitsgrenze
das Heiratsalter
den Preis
den Stundenlohn
das Monatsgehalt
das Wahlalter
die Dienstzeit
die Wehrpflicht   herabsetzen, heraufsetzen, festsetzen auf

a. Die Herabsetzung ... Höchstgeschwindigkeit stieß auf Widerstand.
b. Die Heraufsetzung ... Heiratsalters wurde „nicht glücklich" genannt.
c. Die Festsetzung ... Preises machte Schwierigkeiten. **d.** Die Heraufsetzung ... Stundenlohns ist für nächsten Monat geplant. **e.** Die Herabsetzung ... Dienstzeit wird allgemein gefordert.

2. *während*

Während die Musiker auf die Bühne kamen, las Herr Kreuzer das Programm.
Im Mittelmeer kann man während des ganzen Jahres baden.
(= Im Mittelmeer kann man das ganze Jahr über baden.)
Dieser Brief ist gekommen, während du verreist warst.
(= Dieser Brief kam während deiner Reise.)
Während das Gesetz breite Unterstützung bei der Bevölkerung fand, stieß
es bei der Opposition auf Bedenken.
(= Bei der Bevölkerung fand das Gesetz breite Unterstützung, aber bei der
Opposition stieß es auf Bedenken.)

3.

Ich möchte gern fernsehen. Du kannst ja lesen. – Ich kann doch nicht
lesen, während du fernsiehst!

a. Ich gehe jetzt spazieren. Du willst ja noch arbeiten. **b.** Die Regierung
ist für das Gesetz, aber die Opposition ist dagegen. **c.** Die jüngere Genera-

tion findet die Regelung ausgezeichnet, die ältere nennt sie „unlogisch und gefährlich". **d.** Das Ehemündigkeitsalter wurde auf achtzehn Jahre heraufgesetzt. Bisher lag es bei sechzehn Jahren.

4. *einwenden – den Einwand bringen (als Einwand bringen)*

Die Rechtsstreitigkeiten in der Familie würden sich häufen, wandte er ein.
Er wandte ein, daß sich die Rechtsstreitigkeiten in der Familie häufen würden.
Er brachte den Einwand, daß sich ...
(Er brachte als Einwand, daß sich ...)

Haben Sie etwas einzuwenden?
Hat irgend jemand einen Einwand?
Irgendwelche Einwände?

Ich habe nichts dagegen einzuwenden.
Niemand hat Einwände.
Keine Einwände.

5.

> Die Rechtsstreitigkeiten werden sich häufen. – Er wandte ein, daß sich die Rechtsstreitigkeiten häufen würden.

a. Der Einfluß der Eltern wird abgebaut. **b.** Die ältere Generation verliert ihre Autorität. **c.** Gegen die Heiraten junger Leute werden Hindernisse aufgebaut. **d.** Das neue Gesetz wird auf Widerstand stoßen. **e.** Die jungen Frauen werden gegenüber der bisherigen Regelung benachteiligt.

6. *in einer Zeit = in Zeiten*

in einer Zeit des Verlustes von Autorität
in einer Zeit des Wohlstandes, der Inflation
(in Zeiten des Wohlstandes, der Inflation)

aber:
in Kriegszeiten, in Friedenszeiten; in ruhigen, schlechten, schweren, glücklichen, unruhigen Zeiten

Volljährigkeit
Im Gegensatz zum Minderjährigen, der nur beschränkt geschäftsfähig ist (d.h., der bei Rechtsgeschäften die Zustimmung seiner Eltern oder seines gesetzlichen Vertreters braucht), ist der Volljährige unbeschränkt geschäftsfähig. Er kann Rechtsgeschäfte selbständig vornehmen. Laut Artikel 38 des Grundgesetzes ist „wählbar, wer das Alter erreicht hat, mit dem die Volljährigkeit eintritt". Das heißt, daß ab 1975 auch 18jährige für den Bundestag kandidieren können.

Auf einer Probe merkte der Dirigent Wilhelm Furtwängler, daß ein Cello nicht ganz rein gestimmt war. Er klopfte ab und fragte den Musiker:
Sagen Sie mal, zwanzig Jahre sind Sie doch schon gewesen?
Ich bin fünfzig, Herr Professor!
Dann stimmen Sie mal Ihr Instrument richtig. Das Stimmrecht haben Sie ja schon seit Jahrzehnten.

Im Jahre 1835 wurde Felix Mendelssohn Bartholdy im Alter von 26 Jahren Direktor des berühmten Gewandhausorchesters. Leipzig, die Stadt Johann Sebastian Bachs, die Goethe „Klein-Paris" genannt hatte, war damals wie heute ein Zentrum des Verlagswesens und eine angesehene Universitätsstadt mit großer musikalischer Tradition.

Mendelssohn machte sie zur Hauptstadt der Musik in Deutschland und begründete eine neue Tradition: die der großen deutschen Dirigenten. Auch Mendelssohn galt als Wunderkind: mit zwölf Jahren spielte er bei einem Besuch in Weimar dem damals dreiundsiebzigjährigen Goethe ganze Symphonien von Beethoven auswendig auf dem Klavier vor und hatte selbst schon fast siebzig Stücke geschrieben. Im Alter von zwanzig Jahren führte er eins der bedeutendsten Werke der Barockmusik auf, das genau einhundert Jahre lang nicht zu hören war: die *Matthäus-Passion* von Johann Sebastian Bach. Bachs Musik war damals zwar bekannt, wurde aber kaum gespielt. Im Gewandhaus bot er den Leipzigern eine Folge von Programmen mit Werken, die so gut wie neu waren: unbekannte Mozart-Symphonien, vernachlässigte Bach-Konzerte, nie aufgeführte Werke von Beethoven. Sein Freund Robert Schumann, selbst ein bedeutender Klaviervirtuose und Komponist, brachte ihm das Manuskript der sogenannten *Großen C-Dur Symphonie* von Franz Schubert, die zu Lebzeiten des Komponisten nie gespielt worden war. Mendelssohn veranstaltete die Uraufführung – eine Entdeckung, die sich mit der Neuaufführung der *Matthäus-Passion* vergleichen läßt.

Als Sohn reicher Eltern brauchte Mendelssohn niemals Not zu leiden, aber was er tat, war für seine Zeit keineswegs selbstverständlich: seine eigenen Werke standen in seinen Programmen an letzter Stelle, und seine besondere Sorge galt seinen Musikern. Sobald er seinen Posten in Leipzig angetreten hatte, verschaffte er ihnen höhere Gehälter und später eine Altersversorgung. Und die Kulturmetropole Leipzig dankte ihm seinen Einsatz. Felix bekam von der Universität den Titel eines Doktors der Philosophie ehrenhalber – mit siebenundzwanzig Jahren und nach gerade einjähriger Tätigkeit als Dirigent des Gewandhausorchesters.

Das
Gewandhaus
zu Leipzig ▶

1. Gewandhausorchester: Das Gewandhaus war eine Messehalle für den Textilhandel. (Gewand = ältere Bezeichnung für Anzug, Kleidung.) Seit 1781 wurden im Leipziger Gewandhaus Konzerte veranstaltet. Hundert Jahre später wurde ein Konzerthaus gebaut, das den Namen behielt.
Leipzig: Großstadt der Deutschen Demokratischen Republik (DDR), ca. 600000 Einwohner. Universität, Hochschule für Musik, Museen (Buch und Schrift, Völkerkunde, Naturkunde, Musikinstrumente). Zweimal jährlich findet die Leipziger Messe statt, eine der größten Industriemessen Europas.

2. Johann Sebastian Bach (1685–1750) lebte ab 1723 in Leipzig. Bach war der größte Komponist der Barockzeit. (Barock: Bezeichnung für eine Kunstrichtung, heute für das ganze Zeitalter zwischen 1600 und 1730 gebraucht.) Bachs *Matthäus-Passion* ist ein Oratorium (Singspiel nach Texten der Bibel) nach dem Evangelium des Matthäus. Sie wird regelmäßig zu Ostern aufgeführt.

3. Johann Wolfgang von Goethe (1749–1832), der größte deutsche Dichter, war Minister am Hofe des Herzogs Karl August in Weimar. Die Stelle, wo er Leipzig „Klein-Paris" nennt, steht in seiner bedeutendsten Dichtung, der Tragödie *Faust*.
Weimar: Stadt in Thüringen (DDR) mit ca. 70000 Einwohnern. Im 19. Jahrhundert Zentrum des deutschen Geisteslebens, vor allem durch Goethe und Friedrich von Schiller (1759–1805). Im Theater von Weimar tagte 1919 die *Weimarer Nationalversammlung*, das Parlament der *Weimarer Republik*, das später nach Berlin verlegt wurde.

4. Robert Schumann (1810–1856), Hauptvertreter der musikalischen Romantik in Deutschland, schrieb vor allem Lieder und Werke für Klavier. (Romantik: Kunststil, der auf die Klassik folgte. In der Musik vor allem Frédéric Chopin (1810–1849), Felix Mendelssohn Bartholdy und Robert Schumann.)

Aufgabe

Lesen Sie das Rundfunkprogramm der letzten Woche durch. Welche Komponisten wurden gespielt?

102

1. *machen zu*

Er *machte* Leipzig *zur* Hauptstadt der Musik in Deutschland.
Gutenberg *machte* die Stadt Mainz *zum* Zentrum der Buchdruckerei.
Nach dem Sieg *machten* ihn seine Freunde *zum* Mannschaftskapitän.
Er *machte* seinen Bruder *zum* Justizminister.

2. *begründen mit – etwas begründen – etwas gründen*

Das Gesetz wurde mit der beschleunigten Entwicklung der jungen Menschen begründet.
Sie begründeten ihre Forderung nach Lohnerhöhung mit den gestiegenen Preisen.
Können Sie Ihren Einwand begründen?
Wie wollen Sie das begründen?
Womit begründen Sie Ihre Annahme?
Oskar von Miller gründete das Deutsche Museum.
(Er war der Gründer des Deutschen Museums.)
Albert Schweitzer gründete das Krankenhaus von Lambarene.

a. Mendelssohn ... die Tradition der großen Dirigenten. **b.** Philipp von Hessen ... die Universität Marburg. **c.** Der Wissenschaftler konnte seine These nicht ... **d.** Er ... seinen Einwand ... dem Autoritätsverlust der Eltern. **e.** Wenn ich mal viel Zeit habe, ... ich ein Kammerorchester. **f.** Wissen Sie, wann die Universität Heidelberg ... wurde?

3. *so gut wie*

Diese Schuhe sind so gut wie neu. (Sie sind kaum getragen worden, sie sind fast neu.)
Die Stücke waren so gut wie unbekannt. (... waren fast unbekannt.)
Was er verspricht, ist so gut wie getan. (Was er verspricht, das tut er ganz sicher.)

4. *sich vergleichen lassen (mit)*

Die beiden *lassen sich* überhaupt nicht (miteinander) *vergleichen.* Der eine ist Sportler, der andere sitzt den ganzen Tag zu Hause und liest Bücher.

Ein echter Rembrandt *läßt sich mit* nichts *vergleichen*!
Aber hören Sie mal, *mit* Herrn Krause möchte ich *mich* nicht *vergleichen lassen*!

5. *als ... (von)*

Als Sohn reicher Eltern brauchte er niemals Not zu leiden.
(Da (weil) er der Sohn reicher Eltern war, ...)

Als Kind armer Eltern hatte sie keine Berufsausbildung.
Er ist als Freund klassischer Musik bekannt.

Er war als Mann von großer Toleranz bekannt.
Sie gilt als Frau von gutem Geschmack.
(Sie ist eine Frau mit gutem Geschmack.)

6.

> Er liebt klassische Musik. – Er war schon immer ein Freund klassischer Musik. (Er war schon immer als Freund klassischer Musik bekannt.)

a. Er liebt schöne Frauen. **b.** Sie liebt gutes Essen. **c.** Wir lieben schnelle Autos. **d.** Sie lieben gute Bücher.

7. *was er tat ...*

Was er tat, war für seine Zeit keineswegs selbstverständlich.
Was sie dachte, war für ihre Zeit völlig neu.
Was sie schrieben, war für ihre Zeit sehr ungewöhnlich.
Was sie aufführten, war für ihre Zeit so gut wie neu.

8.

> Sie führten Stücke auf, die für ihre Zeit so gut wie neu waren. –
> Ja, was sie aufführten, war für ihre Zeit so gut wie neu.

a. Sie lasen Bücher, die für ihre Zeit sehr modern waren. **b.** Sie hörte Musik, die für ihre Zeit recht ungewöhnlich war. **c.** Sie taten Dinge, die für ihre Zeit keineswegs selbstverständlich waren. **d.** Er schrieb Stücke, die für seine Zeit sehr atonal waren. **e.** Sie haben Sachen gekauft, die für ihre Zeit sehr geschmackvoll waren.

104

9. *sobald*

Sobald er seinen Posten in Leipzig angetreten hatte, verschaffte er seinen Musikern höhere Gehälter.
(= Nachdem er ...; Als erstes, nachdem er seinen Posten angetreten hatte, ...)

Adagio con sentimento, Wilhelm Busch, 1865

Der große Klaviervirtuose und Komponist Franz Liszt sagte einmal zu seinem Kollegen Robert Schumann, der in Leipzig lebte, in dieser Stadt gebe es zuwenig Gräfinnen und Prinzessinnen. Schumann antwortete: „Wir haben unsere eigene Aristokratie: 150 Buchhandlungen, 50 Druckereien und 30 Zeitschriften."

Verleihung des Friedensnobelpreises im Jahre 1971

Friedenspolitik in unserer Zeit   **18 A**

Der Krieg darf kein Mittel der Politik sein. Es geht darum, Kriege abzu-
schaffen, nicht nur, sie zu begrenzen. Kein nationales Interesse läßt sich
heute noch von der Gesamtverantwortung für den Frieden trennen. Jede
Außenpolitik muß dieser Einsicht dienen. Als Mittel einer europäischen
und weltweiten Sicherheitspolitik hat sie Spannungen abzubauen und die
Kommunikation über die Grenzen hinweg zu fördern. Wie man dem Krieg

wehren kann, ist eine Frage, die zur europäischen Tradition gehört – Europa hat stets Grund genug gehabt, danach zu fragen. Unsere ethischen und sozialen Begriffe sind durch zwei Jahrtausende Christentum vor- und mitgeprägt. Und das heißt immer wieder neue Versuche und Anstrengungen, um zum Frieden auch auf dieser Welt zu gelangen.

Unsere zweite Quelle ist der Humanismus und die mit ihm verbundene klassische Philosophie. Immanuel Kant verband seine Idee der verfassungsmäßigen Konföderation von Staaten mit einer uns heutigen sehr deutlichen Fragestellung: Die Menschen werden eines Tages vor der Wahl stehen, entweder sich zu vereinigen unter einem wahren Recht der Völker, oder aber ihre ganze in Jahrtausenden aufgebaute Zivilisation mit ein paar Schlägen wieder zu zerstören; und so wird die Not sie zu dem zwingen, was sie besser längst aus freier Vernunft getan hätten.

Eine dritte starke Quelle ist der Sozialismus mit seinem Streben nach gesellschaftlicher Gerechtigkeit im eigenen Staat und darüber hinaus. Und mit seiner Forderung, daß die Gesetze der Moral nicht nur zwischen einzelnen Bürgern, sondern auch zwischen Völkern und Staaten gelten sollten.

Friedenspolitik ist eine nüchterne Arbeit. Auch ich versuche, mit den Mitteln, die mir zu Gebote stehen, der Vernunft in meinem Lande und in der Welt voranzuhelfen: Jener Vernunft, die uns den Frieden befiehlt, weil der Unfriede ein anderes Wort für die extreme Unvernunft geworden ist.

Willy Brandt, Rede anläßlich der
Friedensnobelpreisverleihung
am 11. 12. 1971

1. Humanismus: Bildung zur Menschlichkeit, bedeutet heute weitgehend dasselbe wie *Humanität*. In der europäischen Geistesgeschichte ist der Humanismus (in Deutschland seit dem 14. Jahrhundert) neben Renaissance und Reformation die dritte große Bewegung, die das Mittelalter ablöst. Sowohl die Renaissance wie auch der Humanismus wenden sich der Geschichte zu, den lateinischen und griechischen Vorbildern, und stellen den Menschen in den Mittelpunkt ihrer Philosophie. Das Verhältnis des Menschen zu Staat und Gesellschaft, zu Moral, Recht und Gesetz ist ein wichtiges Thema des Humanismus.

2. Immanuel Kant (1724–1804) war Professor in Königsberg. (Stadt in Ostpreußen, heute Kaliningrad. Königsberg war geistiger Mittelpunkt des deutschen Ostens, besonders durch die Universität und mehrere wissenschaftliche Gesellschaften.) Als Philosoph hatte Kant den größten Einfluß auf die gesamte neuere Philosophie. Hauptwerke: *Kritik der reinen Vernunft* (1781) und *Kritik der praktischen Vernunft* (1788).

Nach Kant lautet das Grundgesetz für das Zusammenleben aller Menschen: „Handle so, daß die Maxime (der Grundsatz) deines Willens jederzeit zugleich als Prinzip einer allgemeinen Gesetzgebung gelten könnte." Dieser Satz, der als „kategorischer Imperativ" bekanntgeworden ist, bedeutet: Jeder Mensch sollte so handeln, daß alles, was er denkt und tut, zu einem allgemeinen Gesetz für alle Menschen werden könnte.

In seiner Schrift *Zum ewigen Frieden* (1795) macht Kant Vorschläge für das friedliche Zusammenleben aller Völker, die auch heute noch aktuell sind. Auf diese Schrift bezieht sich Willy Brandt in seiner Rede.

Zur Diskussion

a. Lesen Sie die drei Sätze von Immanuel Kant auf Seite 111.
Welche Versuche sind in unserer Zeit gemacht worden, um diese Probleme zu lösen?
b. Was gehört nach Ihrer Meinung dazu, wenn die junge Generation zum Frieden erzogen werden soll?
c. Wem würden Sie den nächsten Friedensnobelpreis verleihen?

1. *sich trennen lassen von – trennen (voneinander)*

Die nationale Politik *läßt sich* heute nicht mehr *von* der Weltpolitik *trennen.*
(= Die nationale Politik *kann* heute nicht mehr *von* der Weltpolitik *getrennt werden.*)

Arbeitslosigkeit und Inflation – das sind zwei Probleme, die nicht *voneinander getrennt werden können.*
(= ... die *sich* nicht *voneinander trennen lassen.*)

2. *jemand (einer Sache) dienen – dienen als*

Jede Politik muß dem Frieden dienen.
Goethe diente Herzog Karl August nicht nur als Minister, sondern auch als Freund und Ratgeber.
Das Gewandhaus diente lange Zeit als Konzertsaal.
Der Personalausweis soll gleichzeitig als Führerschein dienen.

3. *jemand gehören – gehören zu*

> Wem gehört dieses Buch? Dir?
> Nehmen Sie sich, was Ihnen gehört.
>
> *Zum* Tennisspielen *gehört* Kraft und Schnelligkeit.
> Es *gehört zu* den Pflichten der Kinder, im Haushalt zu helfen.
>
> Beim Spiel muß man auch verlieren können. Das *gehört* doch *dazu!*

a. Gehört diese Zeitung Ihnen? Ja, die ... ... **b.** Natürlich gehört ... ...
... Aufgaben eines Politikers, die Kommunikation ... ... Grenzen hinweg zu fördern. **c.** Als Minister gehörte ... ... Pflichten, für den Straßenbau zu sorgen. **d.** Sie brauchen mir nicht zu sagen, was ... ... Pflichten ...
e. Friedenspolitik ist eine nüchterne Arbeit, zu ... immer wieder neue Anstrengungen ... **f.** Es gehört viel Einsicht ..., das nationale Interesse zu begrenzen.

4. *verbinden (mit) – verbunden sein durch*

Können Sie mich *mit* Herrn Meyer *verbinden*? Augenblick bitte.

Die beiden Nachbarländer *verbindet* eine gemeinsame Geschichte.
Eine neue Brücke *verbindet* Asien und Europa (Asien mit Europa).

Die europäischen Völker *sind durch* eine in Jahrtausenden aufgebaute Zivilisation *verbunden*.
München und Frankfurt *sollen durch* eine Schnellbahn *verbunden werden*.

5. *besser*

Die Not zwingt sie zu dem, was sie besser aus freier Vernunft getan hätten. (= besser aus freier Vernunft hätten tun sollen.)

Das hätten Sie besser nicht getan! (= nicht tun sollen.)
Das hätten Sie besser bleiben lassen! (= Es wäre besser gewesen, wenn Sie das nicht getan hätten!)

6. *jene(r)*

Auch ich versuche, der Vernunft voranzuhelfen: Jener Vernunft, die uns den Frieden befiehlt.
(= *der* Vernunft nämlich, die uns den Frieden befiehlt.)

Natürlich brauchen wir die Philosophen, besonders jene, die uns praktische Vernunft lehren. (= solche, diejenigen)

Atlantis, jener sagenhafte Erdteil, von dem die alten Griechen berichteten. (= der, derjenige)

a. Mit ein paar Schlägen kann die Zivilisation zerstört werden, jen– Zivilisation, die in Jahrtausenden aufgebaut wurde. **b.** Mit jen– Vernunft, die schon Kant gefordert hat, sollte heute der Frieden möglich sein. **c.** Einigen Bevölkerungsgruppen sollte der Staat besonders helfen: jen– Menschen nämlich, die alt und krank sind. **d.** Ein Name wurde immer wieder genannt: der jen– Mannes aus Königsberg, der die gesamte neuere Philosophie begründete.

Nach dem dritten Weltkrieg

Stehende Heere sollen mit der Zeit ganz aufhören.
Das Völkerrecht soll auf einen Föderalismus freier Staaten gegründet werden.
Kein Staat soll sich in die Verfassung und Regierung eines anderen Staates gewalttätig einmischen.

Immanuel Kant (1724—1804)
Zum ewigen Frieden (1795)

Als Dr. Robert Oppenheimer, der bekannte amerikanische Atomforscher, die erste Atombombe entwickelt hatte, sprach er vor dem amerikanischen Kongreß über die Wirkung der Bombe und schilderte auch die furchtbaren Auswirkungen dieser Waffe. Der Kongreß stellte ihm die Frage:
„Gibt es denn auch ein Mittel, sich vor der Wirkung dieser Bombe zu schützen?"
„Ja!" antwortete der Wissenschaftler überzeugt.
„Und was für ein Mittel ist das?"
„Der Friede!"

Albert Schweitzer

Das Fahrrad

Auf der Dorfschule erlebte ich das Aufkommen des Fahrrades. Mehrmals schon hatten wir gehört, wie die Fuhrleute sich gegen Menschen ereiferten, die auf hohen Rädern einherrasten und die Pferde erschreckten. Eines Morgens aber, während wir in der Pause auf dem Schulhof spielten, wurde bekannt, daß im Wirtshaus an der Straße drüben ein „Geschwindläufer" eingekehrt sei. Die Schule und alles vergessend, rannten wir hin und bestaunten das hohe Rad, das draußen stand. Auch viele Erwachsene fanden sich ein und warteten mit uns, daß der Fahrer mit seinem Schöppele Wein fertig wäre. Endlich trat er heraus. Da lachte alles, daß ein erwachsener Mann kurze Hosen trug. Und schon saß er auf seinem Rad und fuhr auf und davon.

2 Schöppele - 1 litre

112

Neben den hohen Rädern kamen nachher, in der Mitte der achtziger Jahre, die halbhohen, die sogenannten Känguruhs auf. Bald darauf erblickte man auch schon die ersten Niederräder. Die Fahrer aber, die sich zuerst zeigten, wurden verspottet, daß sie nicht den Mut hätten, auf hohen Rädern zu sitzen. Im vorletzten Jahr auf dem Gymnasium kam ich selber in den schon lange heißersehnten Besitz eines Rades. Die Mittel dazu hatte ich mir in andert-halb Jahren durch Mathematikstunden verdient, die ich zurückgebliebenen Schülern erteilte. Es war ein schon gebrauchtes Rad und kostete zweihundertunddreißig Mark. Damals galt es aber noch für unziemlich, daß Pfarrerssöhne Rad fuhren. Zum Glück setzte mein Vater sich über diese Vorurteile hinweg. An Stimmen, die das „hochmütige" Unternehmen seines Sohnes tadelten, hat es nicht gefehlt. Der bekannte Orientalist und Theologe Eduard Reuß in Straßburg wollte nicht, daß Studenten der Theologie radführen. Als ich, 1893, als Student der Theologie mit meinem Rade in das Thomasstift einzog, be-

merkte der Stiftsdirektor Erichson, daß er mir das nur gestatten könne, weil Professor Reuß tot sei.

Die Jugend von heutzutage kann sich nicht mehr vorstellen, was das Aufkommen des Rades für uns bedeutete. Eine bisher ungeahnte Möglichkeit, in die Natur hinauszukommen, wurde uns aufgetan. Ich habe sie reichlich und mit Wonne ausgenützt.

Albert Schweitzer
Aus meiner Kindheit und
Jugendzeit (1924)

1. Albert Schweitzer (1875–1965), evangelischer Theologe, Musiker und Arzt, war ab 1899 Pfarrer und Dozent an der Universität Straßburg (Strasbourg). 1905, im Alter von dreißig Jahren, gab er seine Ämter auf, studierte Medizin, promovierte 1913 zum Dr. med. und ging im Frühling desselben Jahres nach Lambarene in Gabun (Äquatorialafrika), um dort ein Krankenhaus zu bauen, wo er besonders Patienten behandelte, die an der Schlafkrankheit litten. Die Mittel dazu beschaffte er sich zunächst durch Veröffentlichungen, Vorträge und Orgelkonzerte in Europa. Später wurde sein Werk durch internationale Organisationen unterstützt. Er schrieb ein Buch über Johann Sebastian Bach, das bis heute als Standardwerk gilt, und eine grundlegende Arbeit über den Orgelbau. Im Jahre 1952 erhielt Albert Schweitzer den Friedensnobelpreis.

2. Schöppele Wein: mundartlich (Dialekt) für „Schoppen, Schöppchen", Weinglas mit 1/4 Liter Inhalt.

3. Zweihundertunddreißig = zweihundertdreißig. Diese Summe war damals ein Vermögen. Albert Schweitzers Vater verdiente als Pfarrer nicht sehr viel. Er hatte, wie sein Sohn in seinen Jugenderinnerungen schreibt, ständig Geldsorgen.

4. damals galt es noch *für* unziemlich: Heute würde man sagen „Damals galt es noch *als* unziemlich …".

5. Thomasstift: Theologische Hochschule, nach Thomas von Aquin (1225–1274) benannt, dem bedeutendsten Philosophen und Theologen des Mittelalters. Ein „Stift" ist eine von der Kirche unterhaltene Schule.

Zur Diskussion

a. Erinnern Sie sich noch an den Text Nr. 11? Was würden Sie als Fazit der beiden Texte feststellen?

b. Manche Menschen sind grundsätzlich gegen jede technische Neuerung. Halten Sie das für ein Zeichen besonderer Vernunft?

c. Kennen Sie Länder, in denen das Fahrrad heute noch eine wichtige Rolle spielt?

d. Haben Sie schon einmal ein Jahr lang für etwas gespart? Wofür?

1.

> (jemand) erschrecken: erschreckte – hat erschreckt
> (sich) erschrecken: erschrak – ist (hat sich) erschrocken

Der Radfahrer erschreckte die Pferde.
Jetzt hast du mich aber erschreckt!
Erschreckt Sie diese Entwicklung? (Eine erschreckende Entwicklung.)

Als plötzlich das Telefon klingelte, erschrak sie.
Natürlich bin ich erschrocken, als ich von dem Unfall hörte.
(auch: Natürlich habe ich mich erschrocken ...)

2. *vergessend* forgetting

Die Schule vergessend, rannten sie hin und bestaunten das Rad.
Ein Lied pfeifend, packte er seinen Koffer.

Der pfeifende Mann; aber: das *vergeßliche* Kind.

3. *im vorletzten (letzten, in diesem, nächsten, übernächsten) Jahr*

Im vorletzten (= zweitletzten) Jahr auf dem Gymnasium.
Im vorletzten Jahr haben wir keinen Urlaub gemacht.

Im übernächsten Jahr mache ich Examen.
In diesem Jahr hat es viel geregnet.

Letztes Jahr = im letzten Jahr
Nächste Woche = in der nächsten Woche

4. *sich hinwegsetzen über (darüber)*

> Niemand sollte *sich über* die Meinung der Jugend *hinwegsetzen!*
> Das ist ein altes Vorurteil, *darüber* können Sie *sich hinwegsetzen.* disregard
> Ich *habe mich* schon immer *über* die Mode *hinweggesetzt.* influenced by fashion

a. Sie können sich doch nicht einfach ... die Verkehrsregeln ...! **b.** Es ist
mir egal, was die Leute denken, ... **c.** Können Sie sich denn

nicht endlich ... die alten Vorurteile ...? **d.** Ich finde, die Meinung der Kinder ist so wichtig, ... kann man sich nicht ... **e.** Nun ... Sie sich doch endlich ... diesen Unsinn ...!

5. *fehlen an – es fehlt mir an – daran*

Es hat nicht *an* Stimmen *gefehlt*, die ihn tadelten.

In vielen Ländern *fehlt es an* Kleidung und Lebensmitteln.

Damals *hat es mir an* Geld *gefehlt*.

An guten Freunden *hat es ihm* noch nie *gefehlt*.

Zeit? *Daran hat es mir* immer *gefehlt*.

6.

> Hat er eigentlich viel Zeit? – Ich glaube, daran hat es ihm noch nie gefehlt.

a. Hat sie eigentlich viele Freunde? **b.** Haben sie eigentlich schon wieder neue Pläne? **c.** Haben die Kinder schon wieder neue Wünsche? **d.** Wir haben schon wieder interessante Projekte, weißt du? **e.** Du hast wirklich immer gute Ideen!

7. *könne – müsse – dürfe – solle*

Er bemerkte, daß er das nicht gestatten könne.

Er sagte, daß er noch einen Brief schreiben müsse.

Er sagte, er dürfe keinen Wein trinken.

Er meinte, sie solle doch allein ins Kino gehen, er müsse arbeiten.

8.

> Er kann jetzt keine Eigentumswohnung kaufen. – Er könne jetzt keine Eigentumswohnung kaufen, sagte er.

a. Sie kann am Wochenende nicht kommen. **b.** Er muß erst sein Examen machen, dann kann er heiraten. **c.** Sie soll allein ins Kino gehen, und sie kann seinen Wagen nehmen. **d.** Seine Tochter darf im nächsten Jahr ins Ausland, aber vorher muß sie ihre Ausbildung beenden.

116

9. *ausnützen – nutzen – benutzen (zu)*

Ich *habe* meine Geschäftsreise nach Köln *zu* einem privaten Besuch *ausgenützt.*

Wir *haben* jede Möglichkeit *ausgenützt*, in die Natur hinauszukommen.

Nutzen Sie diese Chance! (auch: *Nützen* Sie diese Chance!)

Wozu benutzt man denn dieses Gerät?

Das *benutzen* wir *zum* Rechnen.

Velociped (vom lat. velox, d.i. schnell, und pes, d.i. Fuß), eine Maschine, welche die Ausnützung der menschlichen Muskelkraft zur selbständigen Fortbewegung in vorteilhafterer Weise, als dies beim Gehen möglich ist, gestattet. Die erste derartige Konstruktion war die Reitmaschine des Freiherrn Karl von Drais ...

Das Velociped in seiner jetzigen Gestalt wurde zuerst in England gebaut und als Bicycle (Zweirad) eingeführt. Mit demselben legt ein geübter Fahrer auf ebenem Boden mit Leichtigkeit 30 km in der Stunde zurück; bei kürzeren Wettrennen übertrifft der Bicyclist sogar die Schnellzugsgeschwindigkeit.

Aus Brockhaus' Conversations=Lexikon
Leipzig 1887

Die Deutschen und ihre Sprache –
eine Gebrauchsanweisung für Touristen

Die deutschsprachigen Länder, so haben Sie es gelernt, sind die Bundesrepublik Deutschland, die Deutsche Demokratische Republik, Österreich
und die Zentralschweiz. Aber Vorsicht! Wenn Sie von Norden nach Süden
reisen, von der Küste zu den Bergen oder von Westen nach Osten, von
Köln nach Leipzig, dann hören Sie so viele Dialekte wie es Landschaften,
Städte und Dörfer gibt. Da treffen Sie Leute, deren Aussprache so ziemlich
das Gegenteil dessen ist, was Sie im Unterricht vom Tonband gelernt haben.
Da gibt es welche, die sagen „S-tein" und „Illusch-trierte" statt „Sch-tein"
und „Illus-trierte". Andere verwechseln „mir" und „mich" oder machen
noch schlimmere Fehler und tun so, als ob das völlig normal wäre.
Sie werden sich bald daran gewöhnen, daß kaum jemand das Deutsche so
ausspricht, wie der Ansager im Fernsehen, der Nachrichtensprecher im
Rundfunk oder die Schauspieler auf der Bühne.
Auch die Deutschen mißverstehen sich gelegentlich. (Mal mit Absicht, mal
unabsichtlich!) Im Ersten Weltkrieg, so wird erzählt, hätten sich Preußen

und Bayern auf Französisch unterhalten müssen. Wenn's nicht wahr ist, ist's doch gut erfunden.

Merken Sie sich darum, wenn Sie reisen: Es gibt weder Deutsche noch Österreicher oder Schweizer. Es gibt nur Hamburger, Berliner, Sachsen, Schwaben, Rheinländer, Bayern, Berner, Wiener und noch eine Menge anderer Leute, die alle behaupten, ihre Muttersprache sei Deutsch.

Und verlassen Sie sich nicht auf Ihr Wörterbuch! Ein Brötchen heißt in Hamburg „Rundstück" (gesprochen: Runds-tück), in Berlin „Schrippe" und in Bayern „Semmel". Bemühen Sie sich nicht, das alles auswendig zu lernen! Es schadet nichts, wenn Sie es nicht wissen. Fragen kostet nichts. (Die Bezeichnungen für Essen und Trinken zählen auch für den Deutschen zu den besonderen Schwierigkeiten: Was der Norddeutsche Rotkohl nennt, nennt der Süddeutsche Blaukraut!)

Wollen Sie schon mal ein bißchen üben? Dann lesen Sie, was „Kumpel Anton" im Dialekt des Ruhrgebiets zum Problem der Gleichberechtigung zu sagen hat. Wenn Sie können, hören Sie sich dazu das Tonband an, sonst macht es nur halb soviel Spaß!

Im Naam des Folkes, un denn lauter Weiber!

„Anton", sachtä Cervinski für mich,
„Wunder dich ma nich inne nächste Zeit,
Ich lass mich gezz n Schnurbaat stehn."

„Watt", sarich, „Schnurbaat stehn?
Wennze glaups, datte damit schöner biss,
Dann glaup datt ma. Ich glaup datt nich."

„Anton", sachtä Cervinski, „watt heisst hier schön?
Aber stelldich doch ma am Zebrastreifen,
Ein Auto rast forbei, ne Olle am Steuer,
Datt nächste – widder ne Olle,
Anton, dat dritte, nochma ne Olle.
Na, nu istat nich so schlimm, Anton,
Aber neulich wa ich Zeuge am Gericht,
Wegen sonne Klopperei,
Anton, ich denk, die Hühner picken anne Ertbeern,
Dä Gerichtsforsizzende wa ne Olle,
Dä Staazanwalt wa ne Olle,
Unti eine Patei hatte n Rechzanwalt,
Un datt wa auch ne Olle!
Anton, innen deutsches Gericht,
Wo sonnz nix als Würde un Weisheit is,
Im Naam des Folkes, un denn lauter Weiber!
Feialich un gemessen,
Wie will son Waip son Halunken
Die Lewitten lesen, Anton?
Un datt, Anton, hat mich nich gepasst,
Irgentwo muß Schluss sein mitti Gleichberechtigunk,
Irgentwo musset watt geem,
Wo wir Männer ganz allein datt Prä ham,
Na unt, Anton?
Deswegen lass ich mich den Schnurbaat stehn,
Meinswegen Autofahn,
Meinswegen Minister oder bei Gericht,
Aber an unsern Schnurbaat, Anton,
Da kommense nich ran."

Wilhelm Herbert Koch
Kumpel Anton

Im Namen des Volkes, und dann lauter Weiber!

„Anton", sagt der Cervinski zu mir,
„Wundere dich mal nicht in der nächsten Zeit,
Ich laß mir jetzt einen Schnurrbart stehn."

„Was", sag ich, „Schnurrbart stehn?
Wenn du glaubst, daß du damit schöner bist,
Dann glaub das mal. Ich glaub das nicht."

„Anton", sagt der Cervinski, „was heißt hier schön?
Aber stell dich doch mal an den Zebrastreifen,
Ein Auto rast vorbei, eine Frau am Steuer,
Das nächste – wieder 'ne Frau,
Anton, das dritte, nochmal 'ne Frau.
Na, nun ist das nicht so schlimm, Anton,
Aber neulich war ich Zeuge am Gericht,
Wegen so einer Schlägerei,
Anton, ich denk, die Hühner picken an den Erdbeeren,
Der Gerichtsvorsitzende war 'ne Frau,
Der Staatsanwalt war 'ne Frau,
Und die eine Partei hatte einen Rechtsanwalt,
Und das war auch eine Frau!
Anton, in einem deutschen Gericht,
Wo sonst nichts als Würde und Weisheit ist,
Im Namen des Volkes, und dann lauter Weiber!
Feierlich und gemessen,
Wie will so ein Weib so einem Halunken
Die Leviten lesen, Anton?
Und das, Anton, hat mir nicht gepaßt,
Irgendwo muß Schluß sein mit der Gleichberechtigung,
Irgendwo muß es etwas geben,
Wo wir Männer ganz allein das Prä haben,
Na und, Anton?
Deswegen laß ich mir den Schnurrbart stehen,
Meinetwegen Auto fahren,
Meinetwegen Minister oder am Gericht,
Aber an unseren Schnurrbart, Anton,
Da kommen sie nicht ran."

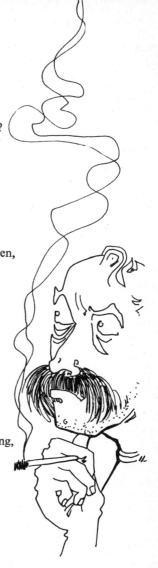

1. Im Namen des Volkes: Gerichtsurteile werden im Namen des Volkes verkündet. Der Vorsitzende beginnt die Verlesung des Urteils: „Im Namen des Volkes ...“

2. Weiber: Frauen (Dialekt und niedrige Umgangssprache: das Weib, die Weiber).

3. *mir* und *mich*: Im Dialekt des Ruhrgebiets wird *mir* durch *mich* ersetzt.

4. ne Olle: eine Alte, d.h. eine Frau. (Meine Olle bedeutet im Dialekt: meine Frau.)

5. die Hühner picken an den Erdbeeren: Ausdruck des Erstaunens. Im Hochdeutschen „Ich denk, ich werd verrückt!“ oder „Ich denk, mich laust der Affe!“

6. einem Halunken die Leviten lesen: einem Halunken die Meinung sagen. („Dem werde ich die Leviten lesen!“)

7. das Prä haben: den Vorteil haben; etwas besitzen, was andere nicht haben; bevorzugt sein.

8. da kommen sie nicht ran: Das erreichen sie nicht, da können sie machen, was sie wollen.

LISTE DER VERBEN

abbauen	baute ab	hat abgebaut
abhalten (hält ab)	*hielt ab*	*hat abgehalten*
ablösen	löste ab	hat abgelöst
abnehmen (nimmt ab)	*nahm ab*	*hat abgenommen*
abreisen	reiste ab	ist abgereist
abreißen	*riß ab*	*hat abgerissen*
abrufen	*rief ab*	*hat abgerufen*
achten auf	achtete	hat geachtet
akzeptieren	akzeptierte	hat akzeptiert
sich amüsieren über	amüsierte sich	hat sich amüsiert
anbauen	baute an	hat angebaut
anbringen	*brachte an*	*hat angebracht*
anerkennen	*erkannte an*	*hat anerkannt*
anfassen (faßt an)	faßte an	hat angefaßt
angehören	gehörte an	hat angehört
sich anhören	hörte sich an	hat sich angehört
ankreuzen	kreuzte an	hat angekreuzt
anordnen	ordnete an	hat angeordnet
ansehen als (sieht an)	*sah an*	*hat angesehen*
anstellen	stellte an	hat angestellt
antreten (tritt an)	*trat an*	*hat angetreten*
aufbauen	baute auf	hat aufgebaut
aufführen	führte auf	hat aufgeführt
aufhören	hörte auf	hat aufgehört
aufkommen	*kam auf*	*ist aufgekommen*
aufmachen	machte auf	hat aufgemacht
aufnehmen (nimmt auf)	*nahm auf*	*hat aufgenommen*
aufrechterhalten (erhält aufrecht)	*erhielt aufrecht*	*hat aufrechterhalten*
aufschreiben	*schrieb auf*	*hat aufgeschrieben*
aufteilen	teilte auf	hat aufgeteilt
auftun	*tat auf*	*hat aufgetan*
aufwachsen (wächst auf)	*wuchs auf*	*ist aufgewachsen*
ausdrucken	druckte aus	hat ausgedruckt
leer ausgehen	*ging leer aus*	*ist leer ausgegangen*
sich aushelfen	*halfen sich aus*	*haben sich ausgeholfen*
ausnutzen	nutzte aus	hat ausgenutzt
ausnützen	nützte aus	hat ausgenützt
(sich) ausrechnen	rechnete aus	hat ausgerechnet
ausschließen	*schloß aus*	*hat ausgeschlossen*
aussenden	sendete aus	hat ausgesendet
sich äußern über	äußerte sich	hat sich geäußert

123

aussprechen (spricht aus)	sprach aus	hat ausgesprochen
austauschen	tauschte aus	hat ausgetauscht
ausüben	übte aus	hat ausgeübt
ausziehen	zog aus	ist/hat ausgezogen
automatisieren	automatisierte	hat automatisiert
basteln	bastelte	hat gebastelt
beachten	beachtete	hat beachtet
beanstanden	beanstandete	hat beanstandet
bedenken	bedachte	hat bedacht
bedienen	bediente	hat bedient
bedürfen (bedarf)	bedurfte	hat bedurft
beerdigen	beerdigte	hat beerdigt
befehlen (befiehlt)	befahl	hat befohlen
befriedigen	befriedigte	hat befriedigt
begegnen	begegnete	ist begegnet
begleiten	begleitete	hat begleitet
begraben (begräbt)	begrub	hat begraben
begründen (mit)	begründete	hat begründet
behandeln	behandelte	hat behandelt
beibehalten (behält bei)	behielt bei	hat beibehalten
bekanntwerden (wird bekannt)	wurde bekannt	ist bekanntgeworden
bemerken	bemerkte	hat bemerkt
sich bemühen	bemühte sich	hat sich bemüht
benennen	benannte	hat benannt
benutzen	benutzte	hat benutzt
beobachten	beobachtete	hat beobachtet
besagen	besagte	hat besagt
sich beschaffen	beschaffte sich	hat sich beschafft
sich beschränken auf	beschränkte sich	hat sich beschränkt
beschreiben	beschrieb	hat beschrieben
bestatten	bestattete	hat bestattet
bestaunen	bestaunte	hat bestaunt
bestehen aus	bestand	hat bestanden
sich betätigen	betätigte sich	hat sich betätigt
sich beteiligen an	beteiligte sich	hat sich beteiligt
betrachten als	betrachtete	hat betrachtet
bevorzugen	bevorzugte	hat bevorzugt
bewundern	bewunderte	hat bewundert
(sich) beziehen (auf)	bezog	hat bezogen
bieten	bot	hat geboten
braten (brät)	briet	hat gebraten
brüllen nach	brüllte	hat gebrüllt
buchstabieren	buchstabierte	hat buchstabiert

124

danken	dankte	hat gedankt
dauern	dauerte	hat gedauert
dienen (als)	diente	hat gedient
sich drängen	drängte sich	hat sich gedrängt
drucken	druckte	hat gedruckt
drücken	drückte	hat gedrückt
dulden	duldete	hat geduldet
durchlesen (liest durch)	*las durch*	*hat durchgelesen*
durchorganisieren	organisierte durch	hat durchorganisiert
durchrationalisieren	rationalisierte durch	hat durchrationalisiert
sich durchsetzen	setzte sich durch	hat sich durchgesetzt
sich duzen	duzte sich	hat sich geduzt

sich einfinden	*fand sich ein*	*hat sich eingefunden*
eingehen	*ging ein*	*ist eingegangen*
einherrasen	raste einher	ist einhergerast
einkehren	kehrte ein	ist eingekehrt
einleiten	leitete ein	hat eingeleitet
sich einmischen	mischte sich ein	hat sich eingemischt
einschlafen (schläft ein)	*schlief ein*	*ist eingeschlafen*
einsetzen	setzte ein	hat eingesetzt
einsparen	sparte ein	hat eingespart
einsteigen	*stieg ein*	*ist eingestiegen*
eintreten (tritt ein)	*trat ein*	*ist eingetreten*
einwenden	*wandte ein*	*hat eingewandt*
empfangen (empfängt)	*empfing*	*hat empfangen*
empfinden als	*empfand*	*hat empfunden*
sich entfernen	entfernte sich	hat sich entfernt
entlassen (entläßt)	*entließ*	*hat entlassen*
sich entschließen	*entschloß sich*	*hat sich entschlossen*
entsprechen (entspricht)	*entsprach*	*hat entsprochen*
enttäuschen	enttäuschte	hat enttäuscht
(sich) entwickeln (zu)	entwickelte	hat entwickelt
erblicken	erblickte	hat erblickt
sich ereifern	ereiferte sich	hat sich ereifert
erfahren (erfährt)	*erfuhr*	*hat erfahren*
erfassen (erfaßt)	erfaßte	hat erfaßt
erfinden	*erfand*	*hat erfunden*
erfüllen	erfüllte	hat erfüllt
ergänzen	ergänzte	hat ergänzt
sich erkälten	erkältete sich	hat sich erkältet
erkennen	*erkannte*	*hat erkannt*
erlernen	erlernte	hat erlernt
ermahnen zu	ermahnte	hat ermahnt

ermitteln	ermittelte	hat ermittelt
ermuntern	ermunterte	hat ermuntert
ernähren	ernährte	hat ernährt
ernten	erntete	hat geerntet
erobern	eroberte	hat erobert
errichten	errichtete	hat errichtet
ersaufen (ersäuft)	*ersoff*	*ist ersoffen*
erscheinen	*erschien*	*ist erschienen*
erschrecken	*erschrak*	*ist erschrocken*
erschrecken	erschreckte	hat erschreckt
ersetzen	ersetzte	hat ersetzt
erteilen	erteilte	hat erteilt
ertönen	ertönte	ist ertönt
ertrinken	*ertrank*	*ist ertrunken*
erwarten von	erwartete	hat erwartet
fallen an (fällt)	*fiel*	*ist gefallen*
fehlen an	fehlte	hat gefehlt
festlegen	legte fest	hat festgelegt
festsetzen auf	setzte fest	hat festgesetzt
feststellen	stellte fest	hat festgestellt
folgen auf	folgte	ist gefolgt
fördern	förderte	hat gefördert
formulieren	formulierte	hat formuliert
frieren	*fror*	*hat gefroren*
führen	führte	hat geführt
fürchten	fürchtete	hat gefürchtet
gebrauchen	gebrauchte	hat gebraucht
gefährden	gefährdete	hat gefährdet
gelangen zu	gelangte	ist gelangt
gelten (als) (gilt)	*galt*	*hat gegolten*
genießen	*genoß*	*hat genossen*
geraten (gerät)	*geriet*	*ist geraten*
gestatten	gestattete	hat gestattet
sich gewöhnen an	gewöhnte sich	hat sich gewöhnt
gießen	*goß*	*hat gegossen*
sich gleichen	*glichen sich*	*haben sich geglichen*
handeln	handelte	hat gehandelt
hantieren mit	hantierte	hat hantiert
sich häufen	häufte sich	hat sich gehäuft
sich herablassen (läßt sich herab)	*ließ sich herab*	*hat sich herabgelassen*
herabsetzen	setzte herab	hat herabgesetzt
heraufsetzen	setzte herauf	hat heraufgesetzt

126

herausholen	holte heraus	hat herausgeholt
herauskommen (bei)	*kam heraus*	*ist herausgekommen*
heraussuchen	suchte heraus	hat herausgesucht
heraustreten (tritt heraus)	*trat heraus*	*ist herausgetreten*
herbeischleppen	schleppte herbei	hat herbeigeschleppt
herschleppen	schleppte her	hat hergeschleppt
herstellen	stellte her	hat hergestellt
hinauskommen	*kam hinaus*	*ist hinausgekommen*
hinbauen	baute hin	hat hingebaut
hinbringen	*brachte hin*	*hat hingebracht*
hineinkommen	*kam hinein*	*ist hineingekommen*
hinfahren (fährt hin)	*fuhr hin*	*ist hingefahren*
hinfliegen	*flog hin*	*ist hingeflogen*
hinkommen	*kam hin*	*ist hingekommen*
hinrennen	*rannte hin*	*ist hingerannt*
hinterlassen (hinterläßt)	*hinterließ*	*hat hinterlassen*
sich hinwegsetzen über	setzte sich hinweg	hat sich hinweggesetzt
hoffen	hoffte	hat gehofft
honorieren	honorierte	hat honoriert
kämpfen um¹	kämpfte	hat gekämpft
kandidieren für	kandidierte	hat kandidiert
sich kleiden	kleidete sich	hat sich gekleidet
sich kümmern um	kümmerte sich	hat sich gekümmert
kürzen	kürzte	hat gekürzt
lachen	lachte	hat gelacht
lauten	lautete	hat gelautet
lehren	lehrte	hat gelehrt
leiden an, unter	*litt*	*hat gelitten*
lieben	liebte	hat geliebt
liegenlassen (läßt liegen)	*ließ liegen*	*hat liegengelassen*
lösen	löste	hat gelöst
manipulieren	manipulierte	hat manipuliert
meistern	meisterte	hat gemeistert
melden	meldete	hat gemeldet
sich merken	merkte sich	hat sich gemerkt
messen (mißt)	*maß*	*hat gemessen*
mieten	mietete	hat gemietet
mißraten (mißrät)	*mißriet*	*ist mißraten*
sich mißverstehen	*mißverstanden sich*	*haben sich mißverstanden*
sich nähern	näherte sich	hat sich genähert
neigen zu	neigte	hat geneigt

127

oktroyieren	oktroyierte	hat oktroyiert
organisieren	organisierte	hat organisiert
passen (zu)	paßte	hat gepaßt
patentieren	patentierte	hat patentiert
picken	pickte	hat gepickt
promovieren	promovierte	hat promoviert
radfahren (fährt Rad)	*fuhr Rad*	*ist radgefahren*
ragen	ragte	hat geragt
rankommen	*kam ran*	*ist rangekommen*
rechnen	rechnete	hat gerechnet
reden von	redete	hat geredet
reflektieren	reflektierte	hat reflektiert
reformieren	reformierte	hat reformiert
reinigen	reinigte	hat gereinigt
riskieren	riskierte	hat riskiert
saufen (säuft)	*soff*	*hat gesoffen*
schaden	schadete	hat geschadet
schaffen	schaffte	hat geschafft
schaffen	*schuf*	*hat geschaffen*
schießen	*schoß*	*hat geschossen*
schildern	schilderte	hat geschildert
schleppen	schleppte	hat geschleppt
schmecken	schmeckte	hat geschmeckt
sich schützen vor	schützte sich	hat sich geschützt
sichern	sicherte	hat gesichert
siegen	siegte	hat gesiegt
skizzieren	skizzierte	hat skizziert
speichern	speicherte	hat gespeichert
stattfinden	*fand statt*	*hat stattgefunden*
stecken in	steckte	hat gesteckt
stehenlassen (läßt stehen)	*ließ stehen*	*hat stehenlassen*
stehlen (stiehlt)	*stahl*	*hat gestohlen*
stoßen auf (stößt)	*stieß*	*ist gestoßen*
strafen	strafte	hat gestraft
streben nach	strebte	hat gestrebt
sich stützen auf	stützte sich	hat sich gestützt
tadeln	tadelte	hat getadelt
tagen	tagte	hat getagt
teilen	teilte	hat geteilt
toben	tobte	hat getobt

töten	tötete	hat getötet
totschlagen (schlägt tot)	*schlug tot*	*hat totgeschlagen*
träumen von	träumte	hat geträumt
treten (tritt)	*trat*	*ist getreten*
triumphieren über	triumphierte	hat triumphiert
üben	übte	hat geübt
überfahren (überfährt)	*überfuhr*	*hat überfahren*
übergehen zu	*ging über*	*ist übergegangen*
überraschen	überraschte	hat überrascht
überschreiten	*überschritt*	*hat überschritten*
übertreffen (übertrifft)	*übertraf*	*hat übertroffen*
überwiegen	*überwog*	*hat überwogen*
umfassen (umfaßt)	umfaßte	hat umfaßt
umstehen	*umstanden*	*haben umstanden*
untergehen	*ging unter*	*ist untergegangen*
unterhalten (unterhält)	*unterhielt*	*hat unterhalten*
unterschreiben	*unterschrieb*	*hat unterschrieben*
untersuchen	untersuchte	hat untersucht
unterzeichnen	unterzeichnete	hat unterzeichnet
veranstalten	veranstaltete	hat veranstaltet
verarbeiten	verarbeitete	hat verarbeitet
verbinden mit	*verband*	*hat verbunden*
verdrängen	verdrängte	hat verdrängt
sich vereinigen	vereinigte sich	hat sich vereinigt
verfallen (verfällt)	*verfiel*	*ist verfallen*
verfügen über	verfügte	hat verfügt
verherrlichen	verherrlichte	hat verherrlicht
verkünden	verkündete	hat verkündet
verlachen	verlachte	hat verlacht
verlegen nach	verlegte	hat verlegt
vermeiden	*vermied*	*hat vermieden*
vermindern	verminderte	hat vermindert
vernachlässigen	vernachlässigte	hat vernachlässigt
vernichten	vernichtete	hat vernichtet
verpflichten	verpflichtete	hat verpflichtet
verschaffen	verschaffte	hat verschafft
verschicken	verschickte	hat verschickt
verschlingen	*verschlang*	*hat verschlungen*
verschwinden	*verschwand*	*ist verschwunden*
versetzen	versetzte	hat versetzt
verspotten	verspottete	hat verspottet
verstaatlichen	verstaatlichte	hat verstaatlicht

sich verständigen mit	verständigte sich	hat sich verständigt
verstummen	verstummte	ist verstummt
vertrocknen	vertrocknete	ist vertrocknet
verwechseln	verwechselte	hat verwechselt
verwerten	verwertete	hat verwertet
vollenden	vollendete	hat vollendet
voranhelfen (hilft voran)	*half voran*	*hat vorangeholfen*
vorbeirasen	raste vorbei	ist vorbeigerast
vorführen	führte vor	hat vorgeführt
vorlegen	legte vor	hat vorgelegt
vorschreiben	*schrieb vor*	*hat vorgeschrieben*
vorspielen	spielte vor	hat vorgespielt
vorstellen	stellte vor	hat vorgestellt
wachen über	wachte	hat gewacht
wegbringen	*brachte weg*	*hat weggebracht*
wegschleppen	schleppte weg	hat weggeschleppt
wehren	wehrte	hat gewehrt
weinen	weinte	hat geweint
weitergehen	*ging weiter*	*ist weitergegangen*
sich wenden an	*wandte sich*	*hat sich gewandt*
widerlegen	widerlegte	hat widerlegt
sich widersprechen (widerspricht)	*widersprach sich*	*hat sich widersprochen*
wiedererkennen	*erkannte wieder*	*hat wiedererkannt*
wiedergeben (gibt wieder)	*gab wieder*	*hat wiedergegeben*
sich wiederholen	wiederholte sich	hat sich wiederholt
wirken	wirkte	hat gewirkt
zählen zu	zählte	hat gezählt
zerstören	zerstörte	hat zerstört
zulassen (läßt zu)	*ließ zu*	*hat zugelassen*
zurückbringen	*brachte zurück*	*hat zurückgebracht*
zurückfinden	*fand zurück*	*hat zurückgefunden*
zurücklegen	legte zurück	hat zurückgelegt
zurückliegen	*lag zurück*	*hat zurückgelegen*
zurückweisen	*wies zurück*	*hat zurückgewiesen*
sich zurückziehen	*zog sich zurück*	*hat sich zurückgezogen*
zusammenarbeiten	arbeitete zusammen	hat zusammengearbeitet
zusammenpassen	paßte zusammen	hat zusammengepaßt
zusammensitzen	*saß zusammen*	*hat zusammengesessen*
zusprechen (spricht zu)	*sprach zu*	*hat zugesprochen*
sich zuwenden	*wandte sich zu*	*hat sich zugewandt*

WORTSCHATZREGISTER

Die Zahlen verweisen auf die Lektionen, in denen das betreffende Wort in einer
bestimmten Bedeutung zum erstenmal vorkommt.

ab und zu 10
abbauen 16
abgeschlossen 5
abhalten 3
Abkehr 8
abklopfen 16
Abkommen 8
ablösen 18
abnehmen 5
Abnehmer 3
abreisen 12
abreißen 4
abrufen 9
Abstimmung 7
Abteilungsleiter 2
Achse 8
achten auf 7
achtziger Jahre 19
Affe 20
ähnlich 5
akzeptieren 2
allgemein 13
Altbausiedlung 4
Alte 16
Alter 1
Altersgrenze 16
Altersversorgung 6
amerikanisch 18
Amt 19
Amtsdeutsch 12
sich amüsieren
  über 11
anbauen 15
anbringen 8
andersfarbig 15
anderthalb 19
änderungs-
  bedürftig 8

aneinander 14
anerkennen 11, 14
anfassen 9
Angabe 1
angeblich 2
angehören 2
Angehörige 14
angemessen 7
angesehen 17
Angestellte 6
Angestelltenge-
  werkschaft 6
sich anhören 20
ankreuzen 1
anläßlich 18
Annahme 17
anordnen 12
Ansager 20
Anschauung 13
ansehen als 5
ansehnlich 10
Anspruch 10
anstellen 5
Anstrengung 18
antreten 17
Äquatorialafrika 19
Arbeit 9
Arbeiterhäuschen 4
Arbeitersiedlung 4
Arbeitsbedingun-
  gen 13
Arbeitsbehörde 1
Arbeitsgang 8
Arbeitslosigkeit 6
Arbeitsschluß 3
Arbeitstakt 8
Arbeitsunfall 14
Aristokratie 17

arm 14
Armut 11
Art 2
Artikel 9, 13
Arzneimittel 9
Arzneimittelher-
  steller 9
Aspekt 6
Atlantis 13
Atomforscher 18
auf und davon 19
aufbauen 13
Aufbauten 11
aufeinander 15
aufführen 14
aufgeregt 11
aufhören 5
aufkommen 19
aufmachen 9
aufnehmen 12
aufrechterhalten 10
aufschreiben 16
aufteilen 8
im Auftrag 5
Auftreten 14
auftun 19
aufwachsen 7
augenblicklich 8
Augenfarbe 1
aus sein 15
Ausbruch 15
Ausdruck 2
ausdrucken 9
ausführlich 6
Ausgabe 7
Ausgabenpolitik 5
leer ausgehen 7
sich aushelfen 15

Ausländerzentral-
  register 1
ausnutzen 1
ausnützen 19
Ausnützung 19
(sich) ausrechnen
  1, 3
ausschließen 1
aussenden 11
Außenpolitik 18
Außenwelt 5
äußer- 2
außerhalb 5
sich äußern über 14
Aussprache 20
aussprechen 20
Austausch 15
austauschen 15
Ausstellung 3
ausüben 10
auswendig 13
ausziehen 4, 9
Auszug 12
Autobau 8
Autofabrik 8
Autogeschäft 3
Autokarosserie 8
Automations-
  experte 6
automatisieren 6
Automatisierung 6
Automobilclub 2
Autorität 16

Babylon 13
Band 8
Bandarbeit 8
Bandarbeiter 8

Bank 4
Bankkonto 1
Barock 17
Barockmusik 17
Barockzeit 17
Barvermögen 14
basteln 1
Batterie 3
Bau 6
Bauleute 13
Bayer 20
beachten 12
beachtlich 6
Beamte 1
beanstanden 10
Beatplatte 8
bedenken 9
Bedenken 16
Bedeutung 8
bedienen 8
Bedingung 9
bedrückt 5
bedürfen 16
beerdigen 16
befehlen 18
Befragte 5
befriedigen 5
befriedigt 5
begabt 13
begegnen 13
begleiten 14
begraben 14
Begräbnis 14
Begrenzung 2
Begriff 9
begründen
  (mit) 16, 17
Begründung 10
behandeln 1, 19
Behandlung 13
bei 9
beibehalten 17
Beisetzung 14
bekanntwerden 3

Belagerung 15
bemerken 10, 19
sich bemühen 20
benennen 19
benutzen 12
beobachten 6
bequem 2
bereit sein 8
Berg 10
Bergarbeiter 4
Bergbau 6
Bergbauangestellte
  6
Berufsbildung 5
Berufsgruppe 7
Berufswahl 13
besagen 8
sich beschaffen 19
beschäftigt 6
bescheiden 2
sich beschränken
  auf 3
beschreiben 3
Besitz 15
bestatten 14
bestaunen 19
bestehen aus 7
(zu) Besuch 11
Besucher 5
sich betätigen 9
sich beteiligen an 1
betrachten als 10
Betriebsrat 6
Bevölkerungszahl
  6
bevor 12
bevorzugen 1
Bewohner 4
bewundern 3
bewußt 2
bewußtlos 12
Bezeichnung 9
(sich) beziehen
  (auf) 14, 18

Bibel 17
Bibliothek 1
Bicyclist 19
bieten 11
Bildschirm 9
Bildtelefon 11
Bildung 18
biologisch 16
biomedizinisch 9
bisher 4
bisherig- 16
bitter 11
Blaukraut 20
Blick 2
Blitztempo 8
Blume 3
Blumenvase 3
Bombe 18
braten 10
Bratzeit 10
breit 16
Brieftaubenzucht 4
Brötchen 20
Brücke 11
Brüderlichkeit 13
brüllen nach 13
Brutto-Einkommen
  1
Buchdruckerei 17
Buchhalter 6
Buchstabe 11
buchstabieren 12
Bundesberufs-
  gruppe 6
Bundesgerichtshof
  10
Bundeskanzler 16
Bundesmeldegesetz
  1
Bundespatent 11
Bundespost 11
Bundespräsident 16
Bundesrat 7
Bundesrichter 10

Bürgersteig 12
bürokratisch 16
Busanhänger 12
Butter 10
Byzanz 13

Cäsar 13
Cello 16
Chance 3
Chic 2
chinesisch 13
Christ 7
vor Chr. 13
Christentum 18
christlich 16
Conversations-
  Lexikon 19
Cordhose 2

danach 18
daneben 9
danken 17
daraus 2
darin 2
darüber 1
darüber hinaus 18
darum 20
Datei 1
Daten 1
Datenbank 9
Datenschutzgesetz 1
Datenverarbei-
  tungsanlage 1
dauern 8
dauernd 14
Delikt 12
demokratisch 16
Demonstration 1
Denkmal 4
dennoch 5
derart 2
derartig 19
derzeit 16
deutlich 18

132

Deutsche 11
deutschsprachig 20
d.h. = das heißt 7
d. i. = das ist 19
Dialekt 4
Dichter 13
Dichtung 17
dienen (als) 4, 18
Dienste leisten 10
Dienstzeit 16
Diktat 2
Ding 3
Direktor 4
Dorfschule 19
Dozent 19
Dr. = Doktor 6
Dr. jur. = Doktor
   der Rechtswissen-
   schaft 6
Dr. med. =
   Doktor der Medi-
   zin 6
Dr. phil. =
   Doktor der
   Philosophie 6
Draht 11
sich drängen 11
Dreiradwagen 12
dringend 7
Droschke 12
Druck 6
drucken 9
drücken 1
Druckerei 17
dulden 13
Dur 17
durchaus 15
durchlesen 17
durchorganisieren 8
durchrationali-
   sieren 8
sich durchsetzen 11
dürftig 14
sich duzen 4

eben 19
ebenfalls 12
ebenso 6
ebenso... wie 8
echt 5
EDV-Anlage 1
Eheanbahnungs-
   institut 1
ehemals 14
Ehemann 5
Ehemündigkeits-
   alter 16
Ehepartner 1
ehrenamtlich 1
ehrenhalber 17
eigenhändig 14
eigentlich 14
einander 13
einfach 19
Einfamilienhaus 4
sich einfinden 19
Einfluß 5
Einflußmöglich-
   keit 16
eingebildet 9
eingehen 1, 9
eingewurzelt 15
einheitlich 9
einherrasen 19
einkehren 19
einlegen 16
einleiten 8
sich einmischen
   18
einsam 5
Einsamkeit 5
Einsatz 17
einschlafen 9
Einsegnung 14
einsetzen 8
einsparen 6
einsteigen 3
Eintönigkeit 8
eintreten 16

Einwand 16
einwenden 16
Einzelgewerkschaft
   6
Einzelmontage 8
Eisenbahner 6
elegant 2
elektrisch 3
Elektroindustrie 6
elektromagnetisch
   11
elektronisch 1
elterlich 10
Elternhaus 5
empfangen 11
empfinden als 2
endgültig 7
Endprodukt 8
Energie 6
eng 2
Engländer 13
Entdeckung 17
sich entfernen 11
entlassen 6
Entlohnung 13
Entscheidung 7
sich entschließen 4
entsprechen 5
enttäuschen 5
entweder... oder
   18
(sich) entwickeln
   (zu) 2, 18
erbittert 15
erblicken 19
Erdbeere 20
Erde 6
Erdteil 13
sich ereifern 19
erfahren 1, 2
Erfahrungsaus-
   tausch 9
erfassen 1
erfinden 1, 20

Erfinder 3
Erfindermesse 3
erfolglos 14
erfüllen 7
ergänzen 13
sich erkälten 9
erkennen 2
Erklärung 13
Erlaubnis 12
erlernen 5
ermahnen zu 6
ermitteln 6
ermuntern 7
ernähren 10
erneut 11
ernten 2
erobern 13
errichten 13
Ersatzkraft 10
ersaufen 13
erscheinen 2, 15
Erscheinung 2
erschrecken 19
ersetzen 12
Ersparnisse 7
Erstaunen 20
erteilen 19
ertönen 11
ertrinken 13
Ertrunkene 13
erwachsen 19
Erwachsene 19
erwarten von 2
Erwerbstätigkeit 7
Erziehungsheim 7
Eßlöffel 10
ethisch 18
Euphrat 13
evangelisch 1
Evangelium 17
ewig 18
Existenz 13
Extrawurst 10
extrem 18

•

138

selbstbewußt 1
Selbständigkeit 7
selbstverständlich 10
selten 1
Semmel 20
senkrecht 4
Sicherheit 13
Sicherheitspolitik 18
sichern 13
siebenjährig 13
siebentorig 13
Sieg 13
siegen 13
Siegesschmaus 13
Singspiel 17
sittlich 13
sitzen 8
skizzieren 8
Sklave 13
Smoking 2
sobald 17
sofort 1
solange 4
Soldat 15
Sonate 14
Sonderschule 7
Sorge 6, 17
sowas 11
sowohl...als auch 9
sozialdemokratisch 16
Sozialismus 18
Sozialpolitiker 7
Sozialwohnung 4
Soziologin 5
Spalte 2
spannend 12
Spannung 18
Sparkasse 6
sparsam 1
speichern 1
Spesen 13

Spielerei 11
Spielplatz 4
Spielzeug 11
sportlich 1
Sprachlehrgang 3
Staatsangehörig- keit 1
Staatsanwalt 20
Staatsmann 16
Stadtrand 4
Stadtrandsiedlung 4
Stadtteil 4
Stadtwerke 1
stammen von 7
Standardwerk 19
stattfinden 17
Status 5
Staubsauger 8
stecken in 15
stehenlassen 3, 20
Stein 6
Stelle 8, 10
Stellungnahme 7
stets 2
Steuer 12
Steuererhöhung 7
Stichwort 5
Stift 19
Stiftsdirektor 19
Stimme 7
Stimmrecht 16
Stockwerk 4
stoßen auf 16
Strafanstalt 7
strafen 10
straffrei 7
Strafpunkt 12
Straßburg 19
Straßenbau 18
Straßenname 11
Straßenverkehrs- ordnung 12
streben nach 18

strebsam 1
Streichquartett 14
streitig machen 6
Stromanschluß 3
Studienplatz 3
stumm 6
Stundenlohn 6
sich stützen auf 6
Süddeutsche 20
Summe 19
Super-Hochhaus 4
Symphonie 14

tadeln 19
tagen 17
täglich 9
Takt 8
Taktzeit 8
in die Tasche grei- fen 10
Taube 4
Taubenzucht 4
Taubheit 14
Taxiführerschein 12
zum Teil 14
teilen 11
Telefonbuch 11
Telefongespräch 11
telefonisch 12
temperamentvoll 1
Temperatur 9
Test 1
Text 8
Textil 6
Textilhandel 17
Theben 13
Theologe 19
Theologie 19
theologisch 19
Thronfolge 15
tief 15
Tigris 13
Titel 17

toben 4
Tod 11
todschick 2
tolerant 2
Toleranz 2
tot 14
töten 15
Totengräber 14
totschlagen 15
Tradition 17
traditionell 8
Tragödie 17
Transport 6
Transportband 8
Trauerzug 14
träumen von 5
traurig 5
sich trennen lassen von 18
treten 4
Trinkgeld 10
Triumph 11
Triumphbogen 13
triumphieren über 13
Tropfen 9
trotz 6
Trupp 15
typisch 15

üben 8
überfahren 10
übergehen zu 8
Überlegung 8
übernächste 19
überraschen 5
überraschend 5
überschreiten 12
Überschrift 6
Übersetzung 9
Übersicht 6
übertreffen 19
überwiegen 5
überzeugt 18

QUELLENVERZEICHNIS

Texte:

Nach Berichten in FAZ, SZ, Quick, Der Spiegel, Stern, Die Zeit, Zeitmagazin (L 1, 2, 4, 5, 7, 8, 9, 11, 16); nach einer Meldung des Bayerischen Rundfunks (L 3); nach Capital (L 6); aus vital (L 10).

Bertold Brecht, *Gesammelte Werke 9. Gedichte 2*, Suhrkamp Verlag, Frankfurt am Main 1967 (L 13).

Wilhelm Herbert Koch, *Kumpel Anton. Zweiten Bannt*, Droste Verlag, Düsseldorf 1969 (L 20).

Eugen Roth, *Ein Mensch*, Carl Hanser Verlag, München 1932 (L 10).

Albert Schweitzer, *Selbstzeugnisse*, C. H. Beck, München 1967 (L 19).

Kurt Tucholsky, *Gesammelte Werke. Band 1*, Rowohlt Verlag, Hamburg 1961 (L 15).

Für die Lektionen 14 und 17 wurden neben den Biographien von Hensel, Nissen und Schindler herangezogen:

M. J. E. Brown, *Schubert*, Breitkopf und Härtel, Wiesbaden 1969.

H. Kupferberg, *Die Mendelssohns*, Rainer Wunderlich Verlag Hermann Leins, Tübingen und Stuttgart 1972;

B. Paumgartner, *Mozart*, Atlantis Verlag, Zürich und Freiburg i. Br. 1973.

Zeichnungen:

Herbert Horn (S. 5, 17, 59, 63, 88, 89, 120, 121)

Ulrik Schramm (S. 21, 33, 53, 57, 70, 75, 99, 111, 117, 118, 119)

Fotos und Karikaturen im Text:

Bayerische Staatsoper, Pressestelle, München (S. 82)

Beethoven-Haus, Bonn (S. 83, 87)

Bilderdienst Süddeutscher Verlag (S. 40, 47, 65, 88, 89, 94, 101, 107, 112)

Bosch Pressestelle, Stuttgart (S. 29, 34)

Bruckmann Verlag, München (S. 77)

Wilhelm Busch, *Sämtliche Werke und eine Auswahl der Skizzen und Gemälde in zwei Bänden*, Gütersloh (S. 27, 95)

Capital. Gruner & Jahr, Köln (S. 35)

dpa-Bildredaktion, München (S. 10)

Deutsches Museum, Bildstelle, München (S. 64, 71)

Th. Th. Heine im Simplicissimus 1897 (S. 95, 113)
Keystone Pressedienst, Hamburg (S. 17)
Harald Meisert, Bad Vilbel (S. 28)
Presse- und Informationsamt der Bundesregierung, Bundesbildstelle Bonn (S. 106)
Quick, Heinrich Bauer Verlag, München (S. 4)
Timm Rautert, Essen (S. 23)
Siemens-Pressebild, München (S. 46)
Der Spiegel, Hamburg, Zeichner: Horst Haitzinger (S. 11); Zeichner: Felix Mussil (S. 5)
Staatsbibliothek Berlin (S. 87)
Stern, Gruner & Jahr, Hamburg (S. 22)
vital, Jahreszeiten-Verlag, Hamburg (S. 58)
A. Paul Weber, *Hoppla Kultur. 50 Bilder zur Herrlichkeit unserer Zeit*, C. Bertelsmann Verlag, Gütersloh 1954 (S. 93)

Bildanhang:

Bayerische Staatsgemäldesammlung, München (9)
Bruckmann Verlag, München (8, 9, 10, 13)
Cosmopress, Genf (17)
Marianne Feilchenfeldt, Zürich (14)
Hans Huber, Garmisch-Partenkirchen (2, 3)
Luftbild Klammet + Aberl, Ohlstadt (4)
Gerhard Klammet, Ohlstadt (6)
Nolde-Stiftung, Seebüll (16)
Spadem, Paris, & Cosmopress, Genf (15)
Staatliche Kunsthalle, Karlsruhe (11))
Städelsches Kunstinstitut, Frankfurt am Main (12)
Zentrale Farbbild Agentur, Düsseldorf, Schneiders (1), (5), H. Woelk (7)

1
Maria Laach, Abtei
gegründet 1093

2
Regensburg, Dom
Bauzeit 1250–1525

3
Augsburg, Rathaus
erbaut 1615

4 Vierzehnheiligen, Wallfahrtskirche. Bauzeit 1743–1772

5 Dresden, Zwinger. Geschaffen 1711–1728

6 Vierzehnheiligen, Innenansicht

7 Berlin (DDR), Neue Wache (1816–1818)

8 Das Paradiesgärtlein. Mittelrheinischer Meister um 1420

9 Albrecht Dürer (1471–1528)

Selbstbildnis   Portrait Elisabeth Tucher

10 Adam Elsheimer (1578–1610), Begegnung Moses und Jethro

11 C. E. W. Dietrich (1712–1774), Gesellschaft im Park

12 J. H. W. Tischbein (1751–1829), Goethe in der Campagna

13 Caspar David Friedrich (1774–1840), Im Sommer

14 Max Liebermann (1847–1935), Haus und Garten am Wannsee

15 Max Ernst (geb. 1891), La horde (Die Horde)

16 Emil Nolde (1867–1956), Steigende Wolken

17 Oskar Kokoschka (geb. 1886), Prag